初級から中級にステップアップする50の文法ルール

新 ゼロからスタート
中国語 CD付
音声ダウンロード付

文法応用編

王 丹
Wang Dan

JN075298

Jリサーチ出版

はじめに

中国語文法を完全マスター、応用力も身につく

　本書は「文法応用編」というタイトルの通り、中国語を入門レベルからステップアップしたい読者のための参考書です。姉妹書の「文法編」を終えた方など、中国語をある程度勉強したことがある方は、基礎をもう一度確認しながら、応用力をさらに高めていくことができます。また、中国語の学習を始めて間もない方であっても、入門レベルの知識を身につけながら学習を進められるように配慮しています。

　本書の学習を終えると、中国語の基礎的な文法・文型などをマスターできるのはもちろんのこと、中国語検定3級レベルに求められる応用力も身につけることができます。

単文からパッセージへ、自然にレベルアップ

　本書は全部で20のUNITで構成されています。最初の5つのUNITでは、それぞれ5つの例文を使って中国語の基本的な文法事項を紹介しています。ビギナーの読者の方はこの5つのUNITですばやく基礎を固めることができます。また、中国語の学習をある程度進めている方は、基本事項の確認と復習のコーナーとして利用してください。

　UNIT 6からは、例文は短いパッセージ（長文）になります。まとまった文章のなかで、さまざまな文法や文型について、どのような場

面でどのように使うかを学習することができます。パッセージは日常生活でよく出合う場面をテーマとしていて、比較的やさしいものから、少しずつ難度が上がっていくように構成されているので、無理なく学習を進めることができるでしょう。

50の「文法公式」ですっきり覚えられる

各UNITの「中国語の文法公式を覚えよう」のコーナーでは、重要な文法項目や表現をまとめて整理してあります。簡単な例文を使って、シンプルにわかりやすく解説しているので、重要な文法項目・表現を系統立てて身につけることができます。50の文法公式を収録します。

各UNITの最後には「かんたん10分間エクササイズ」という練習問題を用意しています。問題を解きながら、学習内容がしっかり身についているか、知識を応用できるかを確認してみましょう。

本書ではまとまった文章を読んだり聞いたりして理解することもテーマのひとつです。確かに個々の文がわかれば、その組み合わせであるパッセージ（長文）も理屈のうえではわかるはずですが、長文をスムーズに理解するにはやはり中国語への「慣れ」が大切になります。

学習者の皆さんが中国語の学習を深め、中国語に親しむのに、この本が少しでもお役に立つことを願っています。

著者

新ゼロからスタート中国語
文法応用編 | もくじ

コラム

5

本書は中国語を入門レベルからステップアップして、基本文法を完全にマスターすることを目的に作成されたものです。重要表現もたくさん組み込まれていて、自然に総合力が身につきます。

例文 単文からパッセージへと発展します

20あるUNITの例文は、UNIT1〜5はそれぞれ単文5つずつで構成され、UNIT6〜20はパッセージ（長文）の例文になっています。少しずつ難度が上がっていくので、無理なく学習を進めることができます。

●例文
まずしっかり読み込みましょう。次にCDを聞き、ピンインを見て、自分でも発音しましょう。

●学習のポイント
そのUNITでどんな文法・表現を学ぶかがわかります。

UNIT 8 連動文
東京での大学生活

北海道出身の私が東京で大学生活を始める話です。「連動文」をはじめ、場所が主語になる動詞「在」の用法、「離」「因为」「所以」などの表現を学びます。

jīn nián wǒ kǎo shàng le dōng jīng de dà xué
今年我考上了东京的大学，

yīn wèi wǒ fù mǔ hé xiōng dì jiě mèi dōu zhù zài běi hǎi dào
因为我父母和兄弟姐妹都住在北海道，

suǒ yǐ wǒ yí ge rén lái dōng jīng zhù zài dà xué de sù shè li
所以我一个人来东京，住在大学的宿舍里。

dà xué zài dōng jīng de jiāo wài sù shè lí dà xué bù yuǎn
大学在东京的郊外，宿舍离大学不远，

wǒ mǎi le yí liàng zì xíng chē měi tiān qí zì xíng chē shàng xué
我买了一辆自行车，每天骑自行车上学。

dà xué de xiào yuán hěn dà xiào yuán li yǒu hěn duō yīng huā shù
大学的校园很大，校园里有很多樱花树，

yīng huā shèng kāi de shí hou tè bié piào liang
樱花盛开的时候特别漂亮。

学習のポイント
◎ 2つ以上の述語がある「連動文」の用法
◎ 場所が主語になる動詞「在」の用法
◎ 因果関係を表す「因为」と「所以」の使い方
◎ 2つのものの空間的・時間的な隔たりを表す「離」の使い方

今年、私は東京の大学に合格しました。
両親と兄弟はみんな北海道に住んでいるため、
私は1人で東京に来て、大学の寮に住んでいます。
大学は東京の郊外にあり、寮から大学までは遠くありません。
私は自転車を1台買って、毎日自転車で大学に通っています。
大学のキャンパスは広くて、たくさんの桜の木があり、
桜が満開のころにはとてもきれいです。

本文単語
□ 考上 kǎo shàng ～に合格する、～を受かる
□ 父母 fù mǔ 両親、父と母
□ 都 dōu（前の言葉を指して）みんな、全部
□ 所以 suǒ yǐ したがって、だから *接続詞
□ 宿舎 sù shè 寮、宿舎
□ 在 zài ～にいる、～にある
□ 离 lí ～から（～まで）
□ 辆 liàng 車などを数えるときに使う *量詞
□ 每天 měi tiān 毎日
□ 上学 shàng xué 通学する、学校に通う
□ 樱花 yīng huā 桜（の花）
□ 盛开 shèng kāi（花が）満開になる
□ 特别 tè bié 特別に、とても

□ 因为 yīn wèi ～なので、～だから *接続詞
□ 兄弟姐妹 xiōng dì jiě mèi（言をまとめて）兄弟
□ 住在 zhù zài ～に住んでいる
□ 一个人 yí ge rén ひとり
□ 里 li ～の中に
□ 郊外 jiāo wài 郊外
□ 远 yuǎn 遠い *形容詞
□ 自行车 zì xíng chē 自転車
□ 骑 qí（馬、自転車、オートバイなどに）乗る、またがる
□ 校园 xiào yuán 校内、キャンパス
□ 树 shù 木
□ 时候 shí hou ～のとき
□ 漂亮 piào liang きれい、美しい *形容詞

72
73

●日本語訳
中国語の例文を読んでわからないときには、日本語訳で確認しましょう。

●本文単語
例文で新しく出てきた単語をリストにしています。中国語・意味がCD（DL音声）に吹き込まれています。

◎ CDを聞きましょう

CDには「例文」「本文単語」「文法公式の例文」「重要表現の例文」がすべて録音されています。何度も聞いて、中国語の音に慣れるようにしましょう。

 ## 50の公式ですっきりと覚えられます

「文法公式」は中国語の文法のポイントを簡単にわかりやすく説明しています。例文を紹介しながら、できるかぎり具体的に解説します。

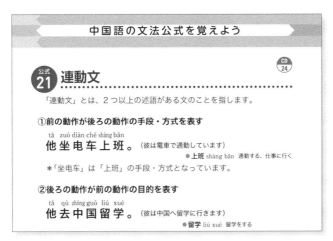

●かんたん10分間エクササイズ

各UNITの最後には、復習の練習問題が用意されています。鉛筆を手に書き込みながら解答しましょう。書くことによって簡体字を覚えていくようにしましょう。

●文法公式のまとめ

巻末には、50の文法公式の一覧があります。復習や確認のために利用してください。

●本文単語のまとめ

各UNITの本文単語をピンインの順番でまとめました。単語の復習に利用してください。

音声ダウンロードのしかた

STEP 1 音声ダウンロード用サイトにアクセス！

※https://audiobook.jp/exchange/jresearch
を入力するか、右のQRコードを読み取って
サイトにアクセスしてください。

STEP 2 表示されたページから、audiobook.jpへの
会員登録ページへ！

※音声のダウンロードには、オーディオブック配信サービス
audiobook.jpへの会員登録（無料）が必要です。すでに、
audiobook.jpの会員の方はSTEP 3へお進みください。

STEP 3 登録後、再度STEP 1のページにアクセスし、
シリアルコードの入力欄に「24925」を入力後、
「送信」をクリック！

※作品がライブラリに追加されたと案内が出ます。

STEP 4 必要な音声ファイルをダウンロード！

※スマートフォンの場合は、アプリ「audiobook.jp」の案
内が出ますので、アプリからご利用ください。

※PCの場合は、「ライブラリ」から音声ファイルをダウン
ロードしてご利用ください。

（ご注意！）

・PCからでも、iPhoneやAndroidのスマートフォンやタブレットからでも
音声を再生いただけます。

・音声は何度でもダウンロード・再生いただくことができます。

・ダウンロード・アプリについてのお問い合わせ先：**info@febe.jp**

（受付時間：平日の10時〜20時）

[文法応用編]

第1章

中国語文法の基本事項をおさらいしながら、
「結果補語」や「方向補語」を学びます。
例文は各ユニットともに
単文5つで構成されています。

彼は日本人です

中国語の文の基本になる動詞・助動詞の使い方を学びます。動詞は最重要の「是」をクローズアップします。人称代詞と指示代詞もまとめて覚えておきましょう。

CD 1

　　　　tā　shì　rì　běn　rén
❶ 他 是 日 本 人 。

　　　zhè　shì　xīn　xíng　de　diàn　nǎo
❷ 这 是 新 型 的 电 脑 。

　　　tā　xiǎng　mǎi　diàn　nǎo
❸ 她 想 买 电 脑 。

　　　jīn　tiān　wǒ　děi　jiā　bān
❹ 今 天 我 得 加 班 。

　　　tā　sòng　wǒ　shēng　rì　lǐ　wù
❺ 他 送 我 生 日 礼 物 。

学習のポイント

◎ 人称代詞・指示代詞
◎ 「〜は〜だ」を表す動詞「是」の使い方
◎ 動作・行為を表す動詞の文
◎ 助動詞の使い方
◎ 二重目的語文

❶ 彼は日本人です。
❷ これは新型のパソコンです。
❸ 彼女はパソコンを買いたいです。
❹ 私は今日、残業しなければなりません。
❺ 彼は私に誕生日プレゼントを贈ります。

他是日本人。

本文単語

□ 他 tā　彼　＊三人称
□ 这 zhè　これ、それ　＊指示代詞
□ 的 de　〜の〜
□ 她 tā　彼女　＊三人称
□ 买 mǎi　買う、購入する
□ 我 wǒ　私　＊一人称
□ 加班 jiā bān　残業する
□ 生日 shēng rì　誕生日

□ 是 shì　〜は〜だ、〜は〜である
□ 新型 xīn xíng　新型（の）
□ 电脑 diàn nǎo　パソコン
□ 想 xiǎng　〜したい　＊助動詞
□ 今天 jīn tiān　今日
□ 得 děi　〜しなければならない　＊助動詞
□ 送 sòng　贈る、送る
□ 礼物 lǐ wù　プレゼント、お土産

人称代詞

中国語の「人称代詞」は主語にも目的語にも同じ形で使います。

	単数	複数
一人称	wǒ 我 (私)	wǒ men 我们 (私たち)
二人称	nǐ 你 (あなた) nín 您 (あなた)	nǐ men 你们 (あなたたち)
三人称	tā 他 (彼)	tā men 他们 (彼ら)
	tā 她 (彼女)	tā men 她们 (彼女たち)
	tā 它 (それ、あれ)	tā men 它们 (それら、あれら)
疑問代詞	shéi (shuí) 谁 (誰、どなた)	

＊「您」は目上の人に使う丁寧な言い方です。文中にある「你」を「您」に替えるだけで丁寧な言い方になります。

＊「它」は人間以外の、動物や物に使います。

＊すべての単数の後ろに「们 men」を付けるだけで複数になります。

動詞「是」の使い方

　「是」は左右の言葉をつなぎ、「〜は〜だ」「〜は〜である」と両者が同じであることを表します。

　しかし、日本語のすべての「〜は〜だ」「〜は〜である」が「是」で表現できるとは限りません。日本語の「〜は〜だ」「〜は〜である」のほうが使い道が広いということです。中国語の「是」はあくまでも左右がイコールである必要があります。

　また、主語の人称の単数・複数によって「是」の形が変わることはありません。とてもシンプルです。

| 人 ＋ 是 ＋ 人の名詞 |　〜は〜だ、〜は〜である

tā　shì　rì　běn　rén
他 是 日 本 人 。（彼は日本人です）

tā　bú　shì　rì　běn　rén
他 不 是 日 本 人 。（彼は日本人ではありません）

＊「是」の否定は「是」の前に「不」を付けます。

tā　shì　rì　běn　rén　ma
他 是 日 本 人 吗 ?（彼は日本人ですか）

＊文末に「吗」を付け、疑問を表します。

xiǎo lín shì rì běn rén
小 林 是 日 本 人 。（小林さんは日本人です）

＊主語は人称代詞以外でも大丈夫です。

公式 ③ 指示代詞

中国語の「指示代詞」は主語に使うものと目的語に使うものの形が異なります。以下の指示代詞は主語に使います。

「**这**」zhè　　これ、この

「**那**」nà　　それ、その、あれ、あの

「**哪**」nǎ　　どれ、どの

☞ 「目的語に使う指示代詞」についてはUNIT 12（公式36 p.114）を参照してください。

* 「这」は「これ、この」の意味で、話し手に近い人や物・事を指すときに使います。会話では「zhèi」とも発音します。

* 「那」は「それ、その、あれ、あの」の意味で、話し手から比較的遠い人や物・事を指すときに使います。会話では「nèi」とも発音します。

* 「哪」は疑問代詞で、会話では「něi」とも発音します。

* すべての単数の後ろに「些 xiē」を付け加えるだけで複数になります。

| 指示代詞 ＋ 是 ＋ 物の名詞 | これは～だ、あれは～だ |

zhè shì diàn nǎo
这 是 电 脑 。（これはパソコンです）

公式 ④ 動作・行為を表す動詞の文

動作・行為を表す動詞の文とは、簡単に言うと、「ある人が何かをする・しない」、または「ある人が何かをした・しなかった」という意味を表す文のことを指します。

14

| 主語 + 動詞 + 目的語 | ～は～をする |

tā mǎi diàn nǎo
她 买 电 脑 。（彼女はパソコンを買います）

tā bù mǎi diàn nǎo
她 不 买 电 脑 。（彼女はパソコンを買いません）

＊「動詞」の否定は「動詞」の前に「不」を付けます。

tā mǎi diàn nǎo ma
她 买 电 脑 吗？（彼女はパソコンを買いますか）

＊文末に「吗」を付ければ、疑問を表します。

 動詞の文に時間詞を入れる

「時間詞」を入れるには2通りの方法があります。日本語に訳すときには同じように訳しますが、時間詞の位置で強調する言葉が異なるので注意しましょう。

①時間を強調する場合

この場合、語順は日本語とまったく同じです。

| 主語 + 時間詞 + 動詞 + 目的語 | ～はいつ～をする |

tā míng tiān mǎi diàn nǎo
她 明 天 买 电 脑 。（彼女は明日、パソコンを買います）

● **明天** míng tiān 明日

②動詞を強調する場合

| 時間詞 + 主語 + 動詞 + 目的語 | ～はいつ～をする |

míng tiān tā mǎi diàn nǎo
明 天 她 买 电 脑 。（彼女は明日、パソコンを買います）

助動詞の使い方

　助動詞はその名の通り動詞を助ける役割を果たし、必ず動詞の前に置かなければなりません。そのためには、どの単語が助動詞なのかをあらかじめ覚えておく必要があります。まず「想」（～をしたい）と「得」（～をしなければならない）を覚えましょう。

主語 ＋ 助動詞 ＋ 動詞 ＋ 目的語

tā xiǎng mǎi diàn nǎo
她 想 买 电 脑 。（彼女はパソコンを買いたいです）

tā bù xiǎng mǎi diàn nǎo
她 不 想 买 电 脑 。（彼女はパソコンを買いたくありません）

＊「助動詞」の否定は原則として「助動詞」の前に「不」を付けます。
　ただし、例外があります。

＊助動詞の否定の例外　「得」の否定 → 不用（bú yòng）～をしなくていい

tā xiǎng mǎi diàn nǎo ma
她 想 买 电 脑 吗？（彼女はパソコンを買いたいですか）

＊文末に「吗」を付ければ、疑問を表します。

助動詞の文に時間詞を入れる

　2通りの方法があります。助動詞の場合も時間詞の位置で強調する言葉が異なります。

①時間を強調する場合

主語 ＋ 助動詞 ＋ 時間詞 ＋ 動詞 ＋ 目的語

wǒ xiǎng míng tiān mǎi diàn nǎo
我 想 明 天 买 电 脑 。（私は明日、パソコンを買いたいです）

②助動詞と動詞を強調する場合

主語 ＋ 時間詞 ＋ 助動詞 ＋ 動詞 ＋ 目的語

wǒ míng tiān xiǎng mǎi diàn nǎo
我 明 天 想 买 电 脑 。（私は明日、パソコンを買いたいです）

公式 7 二重目的語文

　「二重目的語文」とは、動詞が「人」と「物・事」の2つの目的語を取る文のことです。2つの目的語の順番は決まっているので、間違わないようにしましょう。また、2つの目的語を取る動詞はごく一部に限られ、よく使われるのは次の動詞です。

送 sòng（贈る）　　　　　**教** jiāo（教える）

给 gěi（あげる）　　　　　**还** huán（返す）

交 jiāo（手渡す）　　　　　**告诉** gào su（知らせる）

| 主語 ＋ 動詞 ＋ 人 ＋ 物・事 | 〜は人に〜をする |

lǐ lǎo shī jiāo wǒ men yǔ wén
李老师教我们语文。（李先生は私たちに国語を教えます）

● **老师** lǎo shī　（学校の）先生
● **语文** yǔ wén　国語

重要表現

● **助詞「的」の使い方**

　　助詞の「的」は名詞と名詞の間に入り、修飾関係や所有関係を表します。

| 名詞 ＋ 的 ＋ 名詞 | 〜の〜 |

wǒ de diàn nǎo
我 的 电 脑（私のパソコン）

1 次のピンインを中国語で書き、また日本語に訳しましょう。

① tā shì rì běn rén

_____

② zhè shì diàn nǎo

_____

③ wǒ jīn tiān děi jiā bān

_____

2 次の中国語の文を日本語に訳してみましょう。

① 这是新型的电脑。_____

② 我想买电脑。　　_____

③ 我送她生日礼物。_____

3 次の日本語の文を中国語に訳してみましょう。

① これは新型のパソコンですか。

_____

② 私は今日、残業しなくてもいいです。

_____

③ あなたは彼にプレゼントを贈りますか。

_____

1

①**他 (她) 是 日 本 人 。**　彼（彼女）は日本人です。

　　＊「他」と「她」の発音は同じです。

②**这 是 电 脑 。**　　　　これはパソコンです。

③**我 今 天 得 加 班 。**　　私は今日、残業しなければなりません。

2

① これは新型のパソコンです。

　　＊「的」は名詞と名詞の間に入り、修飾関係や所有関係を表します。

② 私はパソコンを買いたいです。

　　＊助動詞は必ず動詞の前に置きます。

③ 私は彼女に誕生日プレゼントを贈ります。

　　＊二重目的語の順番は「人＋物・物事」と決まっています。

3

①**这 是 新 型 的 电 脑 吗 ？**

　　＊「是」は左右がイコールであることを表すので、「是」の左右は同じ種類の
　　名詞でないといけません。

②**我 今 天 不 用 加 班 。**

　　＊助動詞の否定は基本的に助動詞の前に「不」を付けますが、「得」の否定は
　　例外で、「不得」ではなく、「不用」です。

③**你 送 他 礼 物 吗 ？**

動詞「有」の使い方

彼はたくさんの友達がいます

もう一つの最重要動詞「有」をクローズアップして、さまざまな用法を学びます。動詞の重ね型や「一点儿」「有点儿」の使い方も身につけましょう。

tā yǒu hěn duō péng you
❶ 他 有 很 多 朋 友。

fù jìn yǒu biàn lì diàn
❷ 附 近 有 便 利 店。

jīn tiān yǒu diǎnr lěng
❸ 今 天 有 点 儿 冷。

wǒ mǎi yì diǎnr shuǐ guǒ
❹ 我 买 一 点 儿 水 果。

wǒ shuō shuo zì jǐ de xiǎng fǎ
❺ 我 说 说 自 己 的 想 法。

✓ 学習のポイント

◎ 「所有・存在」を表す動詞「有」の使い方

◎ 「少し、ちょっと」を表す「一点儿」「有点儿」の使い方

◎ 「ちょっと〜する」を表す動詞の重ね型

❶ 彼はたくさんの友達がいます。

❷ 近くにコンビニがあります。

❸ 今日は少し寒いです。

❹ 私は果物を少し買います。

❺ 私は自分の考えを言ってみます。

他有很多朋友。

本文単語

□ **有** yǒu　〜は〜がいる、〜は〜を持っている、〜に〜がある　＊所有と存在を表す。

□ **很多** hěn duō　たくさん

□ **朋友** péng you　友達、友人

□ **附近** fù jìn　近く、付近

□ **便利店** biàn lì diàn　コンビニエンスストア

□ **有点儿** yǒu diǎnr　少し、ちょっと

□ **冷** lěng　寒い　＊形容詞

□ **一点儿** yì diǎnr　少し、ちょっと

□ **水果** shuǐ guǒ　果物

□ **说** shuō　言う、話す

□ **自己** zì jǐ　自分、自己

□ **想法** xiǎng fǎ　考え

21

動詞「有」の使い方 ....

① 「有」は人を主語にして、所有を表します。具体的なものにも抽象的なものにも使えます。

┌─────────────┐
│ 人 ＋ 有 ＋ 人 │　　〜は〜がいる
└─────────────┘

tā　yǒu mèi mei
他 有 妹 妹 。 （彼は妹がいます）

●**妹妹** mèi mei　妹

tā　méi yǒu mèi mei
他 没 有 妹 妹 。 （彼は妹がいません）

＊「有」の否定は「没有」です。「是」の否定と区別しましょう。

tā　yǒu mèi mei ma
他 有 妹 妹 吗 ？ （彼は妹がいますか）

＊文末に「吗」を付け加えれば、疑問を表します。

┌─────────────┐
│ 人 ＋ 有 ＋ 物 │　　〜は〜を持っている
└─────────────┘

wǒ　yǒu diàn nǎo
我 有 电 脑 。 （私はパソコンを持っています）

wǒ méi yǒu diàn nǎo
我 没 有 电 脑 。 （私はパソコンを持っていません）

nǐ　yǒu diàn nǎo ma
你 有 电 脑 吗 ？ （あなたはパソコンを持っていますか）

②「有」は、「ある場所に人がいる」「ある場所に物がある」という存在を表す表現にもなります。日本語では、人の場合は「いる」、物の場合は「ある」と使い分けますが、中国語は人でも物でも「有」でOKです。

| 場所 ＋ 有 ＋ 人 | ～に～がいる

zhèr　yǒu hěn duō rén
这儿有很多人。（ここにはたくさんの人がいます）

　　　　　　　　　　　　　　　　　●**很多人** hěn duō rén　多くの人々

zhèr　méi yǒu rén
这儿没有人。（ここには人がいません）

zhèr　yǒu rén ma
这儿有人吗？（ここに人はいますか）

| 場所 ＋ 有 ＋ 物・施設等 |　～に～がある

zhèr　yǒu biàn lì diàn
这儿有便利店。（ここにはコンビニがあります）

zhèr　méi yǒu biàn lì diàn
这儿没有便利店。（ここにはコンビニがありません）

zhèr　yǒu biàn lì diàn ma
这儿有便利店吗？（ここにコンビニはありますか）

公式9 「一点儿」と「有点儿」の使い方 ....

「一点儿」「有点儿」は共に「少し、ちょっと」と訳しますが、文中の語順と使う場面が異なるので、しっかり区別しましょう。

「一点儿」は程度が普通またはプラスのことを表す場合に使います。

> **主語 ＋ 動詞・形容詞 ＋ 一点儿 ＋ ～**

wǒ huì yì diǎnr hàn yǔ
我 会 一 点 儿 汉 语 。 （私は中国語が少しできます）

- ●**会** huì　できる
- ●**汉语** hàn yǔ　中国語

「有点儿」は程度がマイナスまたは望ましくない、喜んでいないことを表す場合に使います。身体の不調や、悪天候に関する表現など、日常生活の中で意外と多く使われます。

> **主語 ＋ 有点儿 ＋ 動詞・形容詞 ＋ ～**

wǒ yǒu diǎnr tóu téng
我 有 点 儿 头 疼 。 （私はちょっと頭が痛いです）

- ●**头疼** tóu téng　頭が痛い

zhè ge cài yǒu diǎnr xián
这 个 菜 有 点 儿 咸 。 （この料理は少し塩辛いです）

- ●**这个菜** zhè ge cài　この料理
- ●**咸** xián　塩辛い

公式 10 動詞の重ね型

動作・行為を表す動詞を繰り返して使うのが「動詞の重ね型」です。「ちょっと〜する」「ちょっと〜してみる」という意味を表します。

wǒ kàn kan zhè jiàn yī fu
我 看 看 这 件 衣 服 。 （私はこの洋服を見てみます）

● **看** kàn　見る
● **这件衣服** zhè jiàn yī fu　この洋服

wǒ men xiū xi xiū xi ba
我 们 休 息 休 息 吧 。 （私たちはちょっと休憩しましょう）

● **休息** xiū xi　休憩する、休む
● **吧** ba　〜しましょう

wǒ xiǎng kàn kan zhè jiàn yī fu
我 想 看 看 这 件 衣 服 。 （私はこの洋服を見てみたいです）

＊助動詞は動詞の重ね型の前に置きます。

動詞の重ね型は動詞の文字数と関係なく、そのまま繰り返して使うことができます。

また、１文字の動詞に限って、動詞と動詞の間に「一」を入れ、重ね型とまったく同じように使うことができます。

| 動詞 ＋ 一 ＋ 動詞 |　**ちょっと〜する、ちょっと〜してみる**

kàn yi kàn
看 一 看　ちょっと〜を見てみる
shuō yi shuō
说 一 说　ちょっと〜を話してみる

wǒ shuō yi shuō zì jǐ de xiǎng fǎ
我 说 一 说 自 己 的 想 法 。 （私は自分の考えを言ってみます）

● 場所の指示代詞

場所を表す指示代詞は会話と文章で異なります。

会話で使う		
zhèr **这儿** ここ	nàr **那儿** そこ、あそこ	nǎr **哪儿** どこ
会話でも文章でも使う		
zhè li **这里** ここ	nà li **那里** そこ、あそこ	nǎ li **哪里** どこ

- -

●「很多 ＋ 名詞」 たくさんの〜、多くの〜

hěn duō rén
很多人 （多くの人々）

hěn duō diàn nǎo
很多电脑 （たくさんのパソコン）

数字の言い方

11〜99までは、1〜10の数字をそのまま並べるだけで表せます。

líng	yī	èr	sān	sì	wǔ	liù	qī	bā	jiǔ	shí
0	1	2	3	4	5	6	7	8	9	10

shí yī	shí èr	shí sān	èr shí	èr shi wǔ
11	12	13	20	25

　2桁を表す「十 shí」は、前か後ろに数字がある場合には、「shí」と発音します。例えば、15「shí wǔ」、30「sān shí」。ただし、前後を数字に挟まれている場合には、軽声「shi」で発音します。例えば、35「sān shi wǔ」。

数字「二」の言い方

　中国語の1桁の2は「二 èr」と「両 liǎng」という2つの言い方があります。数の順序を表すときには「二 èr」を使います。人や物を数えるのときには「両 liǎng」を使います。二百、二千、二万の場合、「両 liǎng」を使います。

　どちらを使うのかは決まりがあるので、その都度覚えていきましょう。

bǎi	qiān	wàn
百	千	万

日本語の百、千、万の場合には、前に「一」を付けませんが、中国語は必ず一、二、三などの数字を付けます。

yì bǎi	liǎng bǎi	yì qiān	liǎng qiān	yí wàn	liǎng wàn
100	200	1000	2000	10000	20000

1 次のピンインを中国語の簡体字に書き直し、日本語に訳してみましょう。

① tā yǒu hěn duō péng you

_____

② jīn tiān yǒu diǎnr lěng

_____

③ wǒ mǎi yì diǎnr shuǐ guǒ

_____

2 次の中国語の文を日本語に訳してみましょう。

①附近有便利店。 _____

②我说说自己的想法。 _____

③我会一点儿汉语。 _____

3 次の日本語の文を中国語に訳してみましょう。

① この料理はちょっと塩辛いです。

_____

② この洋服を見てみたいです。

_____

③ 私たち、ちょっと休みましょう。

_____

正解・解説

1

①**他 (她) 有很多朋友。**　彼 (彼女) は多くの友達がいます。

②**今天有点儿冷。**　今日は少し寒いです。

③**我买一点儿水果。**　私は少し果物を買います。

2

①近くにコンビニがあります。

　＊「有」はある場所に人や物・施設などが存在することを表します。

②私は自分の考えを言ってみます。

　＊「说说」は動詞の重ね型です。「说一说」という形もあります。

③私は中国語が少しできます。

　＊「一点儿」は程度が普通やプラスの場合に使います。必ず動詞の後に置きます。語順に気をつけましょう。

3

①**这个菜有点儿咸。**

　＊「有点儿」は程度がマイナスや望ましくない場合に使います。必ず形容詞や動詞の前に置くので、語順に注意しましょう。「咸」は決して望ましいことではないので、「有点儿」を使います。

②**我想看看这件衣服。／我想看一看这件衣服。**

　＊「看」という動詞を繰り返して、「看看」という重ね型にして、「ちょっと～してみる」という意味を表します。「看一看」でも同じ意味です。ただし、この形は1文字の動詞に限ります。

③**我们休息休息吧。**

　＊2文字の動詞の場合、動詞と動詞の間に「一」を入れる表現はありません。

「过」「了」「是〜的」の使い方

勉強したことがあります／ラーメンを食べました

経験を表す「过」、完了を表す「了」という 2 つの助詞を学びます。完了した行
為・動作に使う「是〜的」の使い方も身につけましょう。

❶ wǒ xué guo hàn yǔ
我 学 过 汉 语 。

❷ wǒ chī lā miàn le
我 吃 拉 面 了 。

❸ wǒ chī le lā miàn hé jiǎo zi
我 吃 了 拉 面 和 饺 子 。

❹ tā shì qù nián lái zhōng guó de
他 是 去 年 来 中 国 的 。

❺ tā shì zài zhōng guó xué de hàn yǔ
她 是 在 中 国 学 的 汉 语 。

学習のポイント

◎ 「过」(〜したことがある)、「了」(〜した) の使い方
◎ 完了した動作の時間・場所・人物・手段などを強調する
　「是〜的」の用法

❶ 私は中国語を勉強したことがあります。
❷ 私はラーメンを食べました。
❸ 私はラーメンと餃子を食べました。
❹ 彼が中国に来たのは去年でした。
❺ 彼女は中国で中国語を勉強したのです。

我学过汉语。

本文単語

□ **学** xué　学ぶ、勉強する

□ **汉语** hàn yǔ　中国語

□ **拉面** lā miàn　ラーメン

□ **和** hé　〜と

□ **去年** qù nián　去年、昨年

□ **在** zài　〜で　＊動作が行われる場所を表す。必ず「在 ＋ 場所」という形となる。

□ **过** guo　〜したことがある　＊昔の経験を表す。

□ **吃** chī　食べる

□ **了** le　〜した　＊動作の完了を表す。

□ **饺子** jiǎo zi　餃子

□ **来** lái　来る

31

「过」の使い方

「过」は動詞の後ろに付け、過去に起こったことや昔の経験を表します。

| 主語 + 動詞 + 过 + 目的語 | 　〜をしたことがある |

wǒ qù guo zhōng guó
我 去 过 中 国 。 （私は中国に行ったことがあります）

● **去** qù　行く

wǒ méi yǒu qù guo zhōng guó
我 没 有 去 过 中 国 。 （私は中国に行ったことがありません）

＊「过」の否定は動詞の前に「没有」を付けますが、「过」はそのまま残ります。

nǐ qù guo zhōng guó ma
你 去 过 中 国 吗？ （あなたは中国に行ったことがありますか）

＊文末に「吗」を付けて疑問を表します。

動作の完了を表す「了」の使い方

「了」は動詞の後や文末に付けて、動作や行為の完了を表します。目的語が単一の単語の場合、「了」の位置は動詞の後ろと文末のどちらでも大丈夫です。

wǒ chī bāo zi le
我 吃 包 子 了 。 （私は肉まんを食べました）

● **包子** bāo zi　肉まん

wǒ chī le bāo zi
我 吃 了 包 子 。 （私は肉まんを食べました）

wǒ méi yǒu chī bāo zi
我 没 有 吃 包 子 。 （私は肉まんを食べませんでした）

＊「〜をしなかった」「〜をしていない」という否定形は動詞の前に「没有」を付けて、完了の「了」を消します。

nǐ chī bāo zi le ma
你吃包子了吗？ （あなたは肉まんを食べましたか）

nǐ chī le bāo zi ma
你吃了包子吗？ （あなたは肉まんを食べましたか）

＊文末に「吗」を付け加えて疑問を表します。

　ただし、目的語が単一の単語ではない（複数の単語の組み合わせの）場合、「了」は文末ではなく、必ず動詞の後ろに置きます。

wǒ chī le jiǎo zi hé bāo zi
我吃了饺子和包子。 （私は餃子と肉まんを食べました）

公式13 「是〜的」の使い方 ....

　「是〜的」はすでに実現し、完了した動作が「いつ、どこで、誰が、どのように、何のために」行ったのかを強調するときに使う表現です。つまり、「時間、場所、人物、手段・方法、目的」のいずれか一つが含まれていないといけません。

> 主語 ＋ 是 ＋ 時間・場所・人・手段方法・目的 ＋ 動詞 ＋ 的 ＋ 目的語

wǒ shì zuó tiān mǎi de diàn nǎo
時間 我是昨天买的电脑。 （私がパソコンを買ったのは昨日でした）

wǒ shì zài xīn sù mǎi de diàn nǎo
場所 我是在新宿买的电脑。 （私は新宿でパソコンを買ったのです）

wǒ shì zuò diàn chē shàng bān de
手段 我是坐电车上班的。 （私は電車で仕事に行っていました）

● 坐电车 zuò diàn chē　電車に乗る

● 上班 shàng bān　仕事に行く、通勤する

33

「了」と「是〜的」の違い

　「了」は動作や行為が完了したという意味を表します。文中に時間、場所、手段・方法などの言葉があっても、あくまでも動作を表します。

wǒ　zuó tiān mǎi diàn nǎo　le
我昨天买电脑了。 （私は昨日パソコンを買いました）

＊「パソコンを買う」という動作を表し、その時間はたまたま「昨日」だったということです。

　「是〜的」は動作や行為の完了を前提としたもので、その動作や行為の時間、場所や手段・方法などに焦点が当たります。

wǒ　shì　zuó tiān mǎi　de　diàn nǎo
我是昨天买的电脑。 （私がパソコンを買ったのは昨日でした）

＊「パソコンを買う」という動作が終わっていることは相手がわかっていて、その動作を行ったのが「昨日」だったことを伝えています。

wǒ　bú　shì　zuó tiān mǎi　de　diàn nǎo
我不是昨天买的电脑。（私がパソコンを買ったのは昨日ではありません）

＊「是〜的」の否定は「是」の前に「不」を付けます。

nǐ　shì　zuó tiān mǎi　de　diàn nǎo　ma
你是昨天买的电脑吗？（あなたがパソコンを買ったのは昨日でしたか）

＊文末に「吗」を付けて疑問を表します。

よく使う慣用句 1

「开」を使う

kāi yè chē
开夜车　　徹夜をする

kāi xiǎo chāi
开小差　　気が散る、注意力が散漫である

kāi kuài chē
开快车　　仕事のスピードや進み具合を早める

kāi dào chē
开倒车　　逆の方向に進んだり、後退したりする

kāi lù dēng
开绿灯　　事を進めるためにゴーサインを出す

かんたん10分間エクササイズ

1 次のピンインを中国語の簡体字に書き直し、日本語に訳してみましょう。

① wǒ xué guo hàn yǔ

_____

② wǒ chī lā miàn le

_____

③ wǒ chī le lā miàn hé jiǎo zi

_____

_____

2 次の中国語の単語を正しい語順で並べ、また日本語に訳してみましょう。

①去年　我　中国　是　来　的

_____

②是　在　我　中国　汉语　的　学

_____

③的　我　是　买　昨天　不

_____

_____

3 次の日本語の文を中国語に訳してみましょう。

①私は中国語を勉強したことがありません。

_____

②私はたくさんの果物を食べました。

_____

③あなたが中国に来たのは去年でしたか。

_____

1

①**我学过汉语。**　　　　私は中国語を勉強したことがあります。

②**我吃拉面了。**　　　　私はラーメンを食べました。

③**我吃了拉面和饺子。**　私はラーメンと餃子を食べました。

2

①**我是去年来中国的。**　　私が中国に来たのは去年でした。

　　＊時間、場所などは必ず「是」の後です。

②**我是在中国学的汉语。**　私は中国で中国語を勉強したのです。

　　＊「在」は動作の場所を表します。「在」は必ず場所の前に置きます。

③**我不是昨天买的。**　　私は昨日、買ったのではありません。

　　＊「是〜的」の否定は「是」の前に「不」を付け加えます。

3

①**我没有学过汉语。**

　　＊「过」はかつての経験を表します。否定は動詞の前に「没有」を付け加えます。また「过」はそのまま残ります。

② **我吃了很多水果。**

　　＊動作・行為を表す「了」は目的語が単一の単語ではない（複数の単語の組み合わせの）場合、文末ではなく、必ず動詞の後ろに置きます。

③**你是去年来中国的吗？**

　　＊「是〜的」の疑問文は文末に「吗」を付け加えてつくります。

動作・行為が終わった後の結果を表すのが「結果補語」です。「完」「见」「懂」など、代表的な結果補語を覚えながら、その用法を学びましょう。

CD
10

❶
wǒ chī wán zǎo fàn le
我吃完早饭了。

❷
wǒ yǐ jīng chī bǎo le
我已经吃饱了。

❸
tā kàn jiàn líng mù le
他看见铃木了。

❹
wǒ tīng dǒng le tā de huà
我听懂了他的话。

❺
wǒ mǎi dào le xīn xíng de diàn nǎo
我买到了新型的电脑。

✓ 学習のポイント

◎ 代表的な結果補語：「完」「饱」「见」「懂」「到」「好」

◎「動詞 + 結果補語」の語順

❶ 私は朝ご飯を食べ終わりました。

❷ 私はもうお腹いっぱい食べました。

❸ 彼は鈴木さんを見かけました。

❹ 私は彼の話を聞いてわかりました。

❺ 私は新型のパソコンを入手しました。

我已经吃饱了。

本文単語 🎧 CD 11

☐ **吃完** chī wán　食べ終える　●「完」は「動作・行為の完了」を表す結果補語。

☐ **早饭** zǎo fàn　朝食、朝ご飯

☐ **已经** yǐ jīng　すでに、もう

☐ **吃饱** chī bǎo　食べてお腹いっぱいになる　●「饱」は「満腹状態である」ことを表す結果補語。

☐ **看见** kàn jiàn　見える、見かける、目に入る

　●「见」は「前の動詞の結果を感じ取る」という意味を表す結果補語。

☐ **听懂** tīng dǒng　聴いてわかる　●「懂」は「内容が理解できる」ことを表す結果補語。

☐ **话** huà　話、話す内容

☐ **买到** mǎi dào　入手する、手に入れる

　●「到」は「動作・行為の目的が達成される」ことを表す結果補語。

第1章

UNIT
4

結果補語の用法

結果補語

　中国語の動詞の多くは動作や行為だけを表します。そのため、その動作・行為が終わった後の結果がどうなっているのかを示しません。その結果をより明白に示すのは補語の役割です。

　中国語の補語のしくみはやや面倒ですが、まず「動詞 ＋ 補語」という語順、そして、その両者の組み合わせを一つの動詞のように覚えておくことをお勧めします。

　動作の結果を表すのは結果補語です。よく使われる結果補語と動詞との組み合わせを覚えましょう。

「完」 wán　動作や行為が完全に終わることを表します。

吃完	chī wán	食べ終える
喝完	hē wán	飲み終える
写完	xiě wán	書き終える
做完	zuò wán	やり終える、し終える

「饱」 bǎo　お腹がいっぱいになることを表します。

吃饱	chī bǎo	食べてお腹いっぱいになる

「懂」 dǒng　内容が理解できることを表します。

听懂	tīng dǒng	聞いてわかる
看懂	kàn dǒng	見てわかる、読んでわかる

「见」 jiàn　前の動詞の結果を感じ取るという意味を表します。視覚、聴覚などに使うことが多いです。

看见	kàn jiàn	見える、見かける、目に入る
听见	tīng jiàn	聞こえる、耳に入る

「^{dào}到」 前の動詞の結果や目的が達成されることを表します。

   看 到 kàn dào　見える、見かける、目に入る
   听 到 tīng dào　聞こえる、耳に入る

  ＊「看见」と「看到」、「听见」と「听到」は同じ意味で、同じように
   使うことができます。

   买 到 mǎi dào　買って入手する、買って手に入れる

「买了」と「买到了」の違い

　「买了」は「買う」という動作・行為を行ったことを表します。
　「买到了」は「買う」という動作・行為を行って、しかも、その結果、買
おうとした商品を実際に手に入れたという意味を強調します。

^{wǒ qù mǎi le}　^{dàn shì méi yǒu mǎi dào}
我去买了，但是没有买到。
（私は買いに行きましたが、入手できませんでした）

●但是 dàn shì　しかし、でも

「^{hǎo}好」 前の動作・行為が終わって、それが申し分のない結果であること
   を表します。

   做 好 zuò hǎo　完ぺきにこなす、完ぺきにやり遂げる
   学 好 xué hǎo　マスターする、身につける
   吃 好 chī hǎo　美味しくいただく

「学了」と「学好了」の違い

　「学了」は「勉強する」という動作・行為を行ったことを表します。しか
し、勉強した結果や成果がどうなっているのかは示していません。
　「学好了」は「勉強する」という動作・行為を行って、しかも、勉強した
内容を完ぺきに身につけたことを強調します。

同じように次の表現を比較してみましょう。

「吃了」　：「食べる」という動作・行為を行いました。ただ、味、量など食べた満足度を表していません。

「吃完了」：「食べる」という動作・行為を行い、それが終わったことを表しています。ただ、味、量など食べた満足度を表していません。

「吃饱了」：「食べる」という動作・行為を行い、お腹いっぱいになるまで食べました。ただ、味、量など食べた満足度を表していません。

「吃好了」：「食べる」という動作・行為を行い、味、量などの満足度が申し分ないことを表しています。

＊中国語の補語はこのように細かいニュアンスを表現することができるのです。

　結果補語は完了を表す「了」と一緒に使うことが多いです。その場合、肯定・否定・疑問は「了」の用法に従います。

wǒ chī wán zǎo fàn le
我吃完早饭了。（私は朝ご飯を食べ終わりました）

wǒ méi yǒu chī wán zǎo fàn
我没有吃完早饭。（私は朝ご飯を食べ終わっていません）

＊「動詞＋補語」の前に「没有」を付けますが、完了の「了」は消します。

＊「没有」という否定はあくまでも結果補語の実現を否定していて、動詞自体を否定しているわけではありません。つまり、「食べてはいるが、まだ食べ終わってはいない」ということです。

nǐ chī wán zǎo fàn le ma
你吃完早饭了吗？（あなたは朝ご飯を食べ終わりましたか）

＊文末に「吗」を付け加えて疑問を表します。

よく使う慣用句 2

「打」を使う

・・・

dǎ shǒu shì
打手势　　手ぶりや手まねで知らせたり、教えたりをする

dǎ jiāo dao
打交道　　付き合ったり、応対したり、相手にしたりする

dǎ píngshǒu
打平手　　試合など勝負事の決着がつかない

dǎ yuánchǎng
打圆场　　もめごとや取引などを取り持つ、仲介をする

dǎ zhǔ yi
打主意　　目をつける(マイナスの意味として使う)

dǎ guāng gùnr
打光棍儿　　独身男性を指す

dǎ xiǎo bào gào
打小报告　　上司に他人の言動について告げ口をする

dǎ mǎ hu yǎn
打马虎眼　　品物の品質や数をごまかす

1 次のピンインを中国語の簡体字に書き直し、日本語に訳してみましょう。

① wǒ chī wán zǎo fàn le

_____

② tā kàn jiàn líng mù le

_____

③ wǒ tīng dǒng le tā de huà

_____

2 次の下線に補語を入れ、またその文を日本語に訳してみましょう。

① 我已经吃_____了。　　　_____

② 我听_____了他的话。　　　_____

③ 他买_____了新型的电脑。　_____

3 次の日本語の文を中国語に訳してみましょう。

① 私は彼を見かけませんでした。

_____

② あなたは私の話がわかりましたか。

_____

③ 彼は新型のパソコンを手に入れませんでした。

_____

正解・解説

1

①**我吃完早饭了。** 　私は朝ご飯を食べ終わりました。

②**他(她)看见铃木了。** 　彼（彼女）は鈴木さんを見かけました。

③**我听懂了他(她)的话。** 　私は彼（彼女）の話を聞いてわかりました。

2

①**完** 　私はもう食べ終わりました。
＊「完」は結果補語で、食べるという動作の完了を表します。

饱 　私はもうお腹いっぱい食べました。
＊「饱」は結果補語で、お腹いっぱいになることを表します。

好 　私は美味しくいただきました。
＊「好」は結果補語で、食べるという動作が申し分のない結果であることを表します。

②**懂** 　私は彼の話を聞いてわかりました。
＊「懂」は結果補語で、聞いた内容を理解できることを表します。

③**到** 　私は新型のパソコンを入手しました。
＊「到」は結果補語で、買おうとするものを手に入れたことを表します。

3

①**我没有看见他。／我没有看到他。**
＊「看见」と「看到」は同じ意味です。否定は動詞の前に「没有」を付け、「了」がなくなります。

②**你听懂了我的话吗？**
＊文末に「吗」を付けて、疑問を表します。

③**他没有买到新型的电脑。**

方向補語の用法

帰ってくる／外に出て行く

人や物が動作によって移動する方向を表すのが「方向補語」の役割です。3種類の方向補語の用法を学びます。

tā míng tiān huí lai
❶ 他 明 天 回 来 。

tā míng tiān huí jiā lai
❷ 他 明 天 回 家 来 。

tā zǒu chū qu
❸ 他 走 出 去 。

tā zǒu chū fáng jiān qu
❹ 他 走 出 房 间 去 。

tā cóng lóu xià pǎo shàng lai le
❺ 他 从 楼 下 跑 上 来 了 。

✓ 学習のポイント

◎ 単純方向補語①：「来」「去」

◎ 単純方向補語②：「上」「下」「进」「出」「回」など

◎ 複合方向補語：「上来」「上去」「进来」「进去」「回来」「回去」など

---

❶ 彼は明日、帰って来ます。

❷ 彼は明日、家に帰って来ます。

❸ 彼は歩いて外に出て行きます。

❹ 彼は歩いて部屋の中から外に出て行きます。

❺ 彼は下の階から走って上がって来ました。

他明天回来。

本文単語

□ **明天** míng tiān　明日

□ **回来** huí lai　帰って来る、戻って来る
- ●「回」は「帰る、戻る」。「来」は「基準点に近づいてくる」ことを表す方向補語。

□ **家** jiā　家、家族　　　　　　　　　□ **走** zǒu　行く、歩く

□ **出去** chū qu　出て行く
- ●「出」は「中から外へ出て行く」ことを表す方向補語。
  「去」は「基準点から離れていく」ことを表す方向補語。

□ **房间** fáng jiān　部屋

□ **从** cóng　〜から、〜より　＊時間や場所の起点を表す。

□ **楼下** lóu xià　下の階　　　　　　　□ **跑** pǎo　走る、駆ける

□ **上来** shàng lai　動作が低い所から高い所へ移動することを表す　＊方向補語

公式 15 方向補語

「方向補語」とは、人や物が動作によって移動する方向を表します。方向補語には「単純方向補語①」「単純方向補語②」「複合方向補語」の3つがあります。すべての方向補語はある一点を基準点にして、その移動の方向を表します。基準点とは、主語である話し手の場所です。

単純方向補語①

「来 lái」「去 qù」

「来」は人や物が動作によって基準点に近づいて来ることを表します。
「去」は人や物が動作によって基準点から離れて行くことを表します。

> 主語 ＋ 動詞 ＋ 単純方向補語①

tā pǎo lai le
他 跑 来 了 。 (彼は走って来ました)

(単純方向補語①の文に場所を入れる)

> 主語 ＋ 動詞 ＋ 場所 ＋ 単純方向補語①

tā huí jiā qu le
他 回 家 去 了 。 (彼は家に帰って行きました)

単純方向補語②

「上 shàng」「下 xià」「进 jìn」「出 chū」「回 huí」「过 guò」「起 qǐ」「开 kāi」

> 主語 ＋ 動詞 ＋ 単純方向補語② ＋ 場所

tā zǒu jìn fáng jiān
他 走 进 房 间 。 (彼は部屋に歩いて入ります)

複合方向補語

．．

　複合方向補語とは、単純方向補語②「上」「下」「进」「出」「回」「过」「起」「开」と単純方向補語①「来」「去」が組み合わさったものを指します。

　複合方向補語は「単純方向補語②」→「単純方向補語①」の順番となっています。まず、次の組み合わせをそのまま覚えておくと便利でしょう。

上来 shàng lai 　（低い所から高い所へ）上がって来る

上去 shàng qu 　（低い所から高い所へ）上がって行く

下来 xià lai 　（高い所から低い所へ）下りて来る

下去 xià qu 　（高い所から低い所へ）下りて行く

进来 jìn lai 　（外から中へ）入って来る

进去 jìn qu 　（外から中へ）入って行く

出来 chū lai 　（中から外へ）出て来る

出去 chū qu 　（中から外へ）出て行く

回来 huí lai 　（元の所へ）戻って来る

回去 huí qu 　（元の所へ）戻って行く

过来 guò lai 　（ある地点から話し手に向かって）やって来る

过去 guò qu 　（話し手からある地点に向かって）去って行く

起来 qǐ lai 　（寝ている・座っている状態から）立ち上がる、起き上がる

主語 ＋ 動詞 ＋ 複合方向補語（単純方向補語② ＋ 単純方向補語①）

tā pǎo jìn lai
他 跑 进 来 。 （彼は走って入って来ます）

tā cóng lóu shàng zǒu xià qu le
他 从 楼 上 走 下 去 了 。 （彼は上の階から歩いて下りて行きました）

主語 ＋ 動詞 ＋ 単純方向補語② ＋ 場所 ＋ 単純方向補語①

dà jiā zǒu jìn huì chǎng lai
大 家 走 进 会 场 来 。 （みんなは会場に歩いて入って来ます）

●**会场** huì chǎng　会場

49

複合方向補語は単独で動詞として使うこともできます。「動詞としての複合方向補語」と本来の「複合方向補語」の用例を比較してみましょう。

（動詞としての複合方向補語）

tā jìn lai le
他 进 来 了 。 （彼は中に入って来ました）

tā huí lai le
他 回 来 了 。 （彼は帰ってきました）

tā guò lai le
他 过 来 了 。 （彼はやって来ました）

＊上記の文では、彼は「中に入って来た」「帰って来た」「やって来た」ということだけを示していて、それらの行為がどのように行われたのかは示していません。

（本来の複合方向補語）

tā zǒu jìn lai le
他 走 进 来 了 。 （彼は中に歩いて入って来ました）

tā pǎo huí qu le
他 跑 回 去 了 。 （彼は走って帰って行きました）

tā pǎo guò lai le
他 跑 过 来 了 。 （彼は走ってやって来ました）

＊上記の文では、動詞の「走」と「跑」の移動する方向を方向補語でより具体的かつ明確に示しています。

月の言い方

・・・・・・・・・・・・・・・・・・・・・・・・・・・・・・・・・・・・・・・

月の言い方は日本語と同じで、数字の後に「月」を付けます。

一月 yī yuè　　　**二月** èr yuè　　　**三月** sān yuè

四月 sì yuè　　　**五月** wǔ yuè　　　**六月** liù yuè

七月 qī yuè　　　**八月** bā yuè　　　**九月** jiǔ yuè

十月 shí yuè　　　**十一月** shí yī yuè　　　**十二月** shí èr yuè

几月 jǐ yuè（何月）

日の言い方

・・・・・・・・・・・・・・・・・・・・・・・・・・・・・・・・・・・・・・・

日の言い方は、会話に使う「号」と、文章に使う「日」の2種類があります。まず「号」を覚えておきましょう。数字の後に「号」を付けます。

一号 yī hào　　　**五号** wǔ hào　　　**十号** shí hào

十二号 shí èr hào　　**三十一号** sān shi yī hào　　**几号** jǐ hào（何日）

年号の言い方

・・・・・・・・・・・・・・・・・・・・・・・・・・・・・・・・・・・・・・・

年号の言い方は日本語と違って、個々に数字を読み上げる方式です。

１９８７年 yī jiǔ bā qī nián

２０２１年 èr líng èr yī nián

哪年 nǎ nián（何年）

51

1 次のピンインを中国語の簡体字に書き直し、日本語に訳してみましょう。

① tā míng tiān huí lai

_____

② tā míng tiān huí jiā lai

_____

③ tā zǒu chū fáng jiān qu

_____

2 次の日本語の文の意味に合わせて、下線に適切な補語を入れてみましょう。

① みんなは歩いて教室に入って来ました。

大家走_____教室_____了。

② 学生たちは教室から走って行きます。

学生们跑_____教室_____。

③ 彼は下の階から歩いて上がって来ました。

他从楼下走_____了。

④ 彼は上の階から歩いて下りて行きました。

他从楼上走_____了。

⑤ 彼はあちらから歩いてやって来ます。

他从那边走_____。

1

① 他 (她) 明 天 回 来 。　　彼 (彼女) は明日、帰って来ます。

② 他 (她) 明 天 回 家 来 。　彼 (彼女) は明日、家に帰って来ます。

③ 他 (她) 走 出 房 间 去 。　彼 (彼女) は歩いて部屋の中から外へ出て行きます。

2

① 进 来

＊「进来」は外から中への移動方向を表します。場所は単純方向補語①の前に入れます。

② 出 去

＊「出去」は中から外への移動方向を表します。場所は単純方向補語①の前に入れます。

③ 上 来

＊「上来」は低い所から高い所への移動方向を表します。

④ 下 去

＊「下去」は高い所から低い所への移動方向を表します。

⑤ 过 来

＊「过来」はある地点から話し手に向かってやって来ることを表します。

さまざまな疑問文①

・・・・・・・・・・・・・・・・・・・・・・・・・・・・・・・・・・

　中国語の疑問文の特徴は、ごく少数の例外を除いて、必ず疑問を表す言葉が必要で、その疑問を表す言葉は１つのみということです。

①諾否疑問文「吗」（〜か）

　「吗」は必ず文末に付けます。肯定文と否定文の両方に使えます。

zhè shì nǐ de shǒu jī ma
这是你的手机吗？（これはあなたの携帯電話ですか）

②推測疑問文「吧」（〜でしょう？）

　「吧」は必ず文末に付けます。肯定文と否定文の両方に使えます。

zhè shì nǐ de shǒu jī ba
这是你的手机吧？（これはあなたの携帯電話でしょう？）

③省略疑問文「呢」（〜は？）

　「呢」は名詞の後に置き、前文の述語を省略した疑問文をつくります。前文が肯定文でも否定文でもどちらでも使えます。

wǒ dǎ suan qù　　nǐ ne
我打算去，你呢？（私は行く予定ですが、あなたは？）

④反復疑問文「動詞・形容詞の肯定形＋同じ動詞・形容詞の否定形」（〜か？）

　動詞・形容詞の肯定形と同じ動詞・形容詞の否定形を並べると、疑問を表すことができます。

zhè shì bú shì nǐ de shǒu jī
这是不是你的手机？（これはあなたの携帯電話ですか）

nǐ zuì jìn máng bù máng
你最近忙不忙？（あなたは最近忙しいですか）

＊反復疑問文と「吗」を使う諾否疑問文の意味はまったく同じです。言い換えれば、両者は互いに取って代わることができます。ですから、反復疑問文と「吗」の諾否疑問文は同じように訳して大丈夫です。反復疑問文は口調を少し和らげる効果があるので、会話でよく使います。

［文法応用編］

第2章

この章でも基本事項を確認しながら、
「比較」「存在文」などを学びます。
「只要〜就〜」などの重要表現も覚えましょう。
第2章からユニット冒頭の例文はパッセージになります。

初めて会った人に自己紹介する文章で、「名前」「年齢」のたずね方・答え方を練習しましょう。人・物を数える単位である「量詞」の基本も学びます。

CD 16

wǒ xìng xiǎo lín　jiào xiǎo lín xiáng
我姓小林，叫小林翔。

wǒ shǔ niú de　jīn nián shí bā suì le
我属牛的，今年18岁了。

wǒ jiā yǒu sì kǒu rén　yǒu bà ba　mā ma　yí ge dì di hé wǒ
我家有四口人，有爸爸，妈妈、一个弟弟和我。

wǒ bà ba shì gōng sī zhí yuán　wǒ mā ma shì jiā tíng zhǔ fù
我爸爸是公司职员，我妈妈是家庭主妇，

wǒ dì di shì gāo zhōng shēng　wǒ shì dà xué yī nián jí de xué sheng
我弟弟是高中生，我是大学一年级的学生。

jīn tiān yǒu jī hui rèn shi dà jiā
今天有机会认识大家，

wǒ fēi cháng gāo xìng
我非常高兴。

学習のポイント

◎ 名前のたずね方・答え方
◎ 年齢のたずね方・答え方
◎ 人・物を数える単位の「量詞」:「个」「口」

私は小林です。小林翔と言います。

私は牛年で、今年18歳になりました。

私は4人家族です。父、母、一人の弟と私です。

父は会社員で、母は専業主婦です。

弟は高校生です。私は大学1年生です。

今日みなさんと知り合う機会があって、

私はとても嬉しいです。

第2章

UNIT
6

名前・年齢のたずね方／量詞の使い方

本文単語

□ **姓** xìng 　～と言う 　＊名字を言う際に使う。

□ **属** shǔ 　十二支で生まれた年を表す

□ **今年** jīn nián 　今年

□ **了** le 　～になった 　＊変化を表す。

□ **爸爸** bà ba 　父親、お父さん

□ **个** ge 　物や人を数える 　＊量詞

□ **公司职员** gōng sī zhí yuán 　会社員

□ **高中生** gāo zhōng shēng 　高校生

□ **一年级** yī nián jí 　1年生

□ **机会** jī huì 　機会、チャンス

□ **大家** dà jiā 　みなさん

□ **高兴** gāo xìng 　嬉しい、楽しい 　＊形容詞

□ **叫** jiào 　～と言う 　＊下の名前やフルネームを言う際に使う。

□ **牛** niú 　牛年

□ **岁** suì 　～歳 　＊年齢を指す。

□ **口** kǒu 　家族全員の人数を数える 　＊量詞

□ **妈妈** mā ma 　母親、お母さん

□ **弟弟** dì di 　弟

□ **家庭主妇** jiā tíng zhǔ fù 　専業主婦

□ **大学** dà xué 　大学

□ **学生** xué sheng 　学生

□ **认识** rèn shi 　知り合う、出会う

□ **非常** fēi cháng 　とても、非常に

名前をたずねる・答える

　中国語では、名前のたずね方は丁寧な言い方と一般的な言い方の2通りがあります。

丁寧なたずね方

nín guì xìng
您贵姓？（お名前は何とおっしゃいますか）

一般的なたずね方

nǐ jiào shén me míng zi
你叫什么名字？（お名前は何と言いますか）

- **什么** shén me　何、どんな
- **名字** míng zi　名前

　名前の答え方も2通りありますが、こちらは丁寧さのレベルに差はありません。1つ目は、下の名前もしくはフルネームで答える方法です。2つ目は、先に名字を言って、その後、フルネームもしくは下の名前だけ言う方法です。

wǒ jiào xiǎo lín xiáng
我叫小林翔。（小林翔と言います）

wǒ xìng xiǎo lín 　jiào xiǎo lín xiáng
我姓小林，叫小林翔。（小林です。小林翔と言います）

＊名前のたずね方と答え方の組み合わせは特に決まりがなく、どれとどれを組み合わせても大丈夫です。

公式 17 年齢をたずねる・答える

中国では、相手の年齢をたずねる言い方はいくつかありますが、最もよく使われる言い方を覚えておきましょう。

年齢のたずね方

nǐ jīn nián duō dà le

你 今 年 多 大 了? （あなたは今年おいくつですか）

年齢の答え方

| 我 今 年 <u>年齢の数字</u> 岁 了 。 | 私は今年～歳です。

wǒ jīn nián èr shí sān suì le

我 今 年 ２３ 岁 了 。 （私は今年23歳です）

年齢をたずねるときに、干支を聞く習慣もあります。干支を聞くことは決して失礼ではありません。

干支のたずね方

nǐ shǔ shén me de

你 属 什 么 的? （あなたは何年ですか）

干支の答え方

| 我 属 <u>干支</u> 的 。 | 私は～年です。

wǒ shǔ yáng de

我 属 羊 的 。 （私は羊年です）

＊たずね方と答え方のどちらにも「的」はなくても大丈夫です。

（干支の言い方）

子	鼠 shǔ	丑	牛 niú	寅	虎 hǔ
卯	兔 tù	辰	龙 lóng	巳	蛇 shé
午	马 mǎ	未	羊 yáng	申	猴 hóu
酉	鸡 jī	戌	狗 gǒu	亥	猪 zhū

公式 18 量詞の使い方

　　量詞は日本語の「杯」「冊」匹」などに相当する助数詞で、人や物を数えるときに用いる単位のことです。日本語と同様に量詞は名詞の種類によって最初から決まっています。中国語で最も広く使われる量詞は「个」で、日本語の「個」に当たりますが、中国語の「个」は物だけでなく、人にも使います。量詞は語順と一緒に覚えておきましょう。

数字 ＋ 量詞 ＋ 人の名詞

yí ge mèi mei
一 个 妹 妹　　1人の妹

数字 ＋ 量詞 ＋ 物の名詞

sān ge píng guǒ
三 个 苹 果　　3つのリンゴ

＊中国語の１桁の「二」は、「二」と「两」の２つの言い方があります。
＊人や物を数えるときには、１桁の「二」は必ず「两」を使います。あくまでも１桁の「二」に限るもので、22、102の「二」には適用されません。

量詞「口」と「个」の違い

　　「口」は自分も含む一世帯の全員の人数を示すときに使います。この場合、主語は必ず「～家」となります。

wǒ jiā yǒu sān kǒu rén
我 家 有 三 口 人 。　（私は３人家族です）

　　「个」は家族のメンバー、兄弟や子供、親戚、他の人たちの数を示すときに使います。この場合、主語は必ず１人の人です。

wǒ yǒu liǎng ge dì di
我 有 两 个 弟 弟 。　（私は２人の弟がいます）

● 「的」の省略

家族のメンバーを言う場合、「的」を使わないのが一般的です。

wǒ de jiā
我 的 家　　→　　我 家 （私の家）
wǒ jiā

wǒ jiā yǒu sān kǒu rén
我 家 有 三 口 人 。（私は3人家族です）

tā de jiě jie
她 的 姐 姐　　→　　她 姐 姐 （彼女のお姉さん）
tā jiě jie

tā jiě jie shì dà xué shēng
她 姐 姐 是 大 学 生 。（彼女のお姉さんは大学生です）

● 家族・兄弟の呼び方

爷爷	yé ye	祖父、おじいさん
奶奶	nǎi nai	祖母、おばあさん
爸爸	bà ba	父親、お父さん
妈妈	mā ma	母親、お母さん
哥哥	gē ge	兄、お兄さん
姐姐	jiě jie	姉、お姉さん
弟弟	dì di	弟
妹妹	mèi mei	妹

- -

● 「有机会 ＋ フレーズ、我非常高兴。」

　　　　　〜をする機会をいただき、私はとても嬉しいです

yǒu jī hui cān jiā zhè ge huó dòng　wǒ fēi cháng gāo xìng
有机会参加这个活动，我非常高兴。

（このイベントに参加する機会をいただき、私はとても嬉しいです）

　　　　　　　　● 参加 cān jiā　参加する

　　　　　　　　● 这个活动 zhè ge huó dòng　このイベント、このキャンペーン

よく使う慣用句　3

「吃」「喝」を使う

chī cù
吃醋　やきもちを焼く
（男女関係について使うことが多い）

chī bái fàn
吃白饭　居候をする

chī xián fàn
吃闲饭　働かないでただ飯を食わせてもらう

chī bì méngēng
吃闭门羹　門前払いを食う

chī yǎ ba kuī
吃哑巴亏　人に言えない損をする、
損をしても泣き寝入りするしかない

hē mò shuǐ
喝墨水　学校で読み書きを習う

hē xī běi fēng
喝西北风　食べるものがない、空きっ腹を抱える

63

1 次のピンインを中国語の簡体字に書き直し、日本語に訳してみましょう。

① wǒ jīn nián shí bā suì le

_____

② wǒ jiā yǒu sì kǒu rén

_____

③ wǒ dì di shì gāo zhōng shēng

_____

2 次の中国語の文を日本語に訳してみましょう。

① 我有两个姐姐。_____

② 我家有爸爸，妈妈，一个哥哥，一个妹妹和我。

_____

③ 有机会认识大家我非常高兴。

_____

3 次の日本語の文を中国語に訳してみましょう。

① あなたは（干支の）何年ですか。

_____

② あなたは今年おいくつですか。

_____

③ あなたは何人家族ですか。

_____

1

①**我今年 18 岁了。** 私は今年18歳になりました。

②**我家有四口人。** 私は 4 人家族です。

③**我弟弟是高中生。** 私の弟は高校生です。

2

①私は姉が 2 人います。

＊人や物を数えるとき、「二」は「两」を使います。また、兄弟の人数を数えるときには量詞は「个」を使います。

②私の家族は父、母、1 人の兄、1 人の妹と私です。

＊これは家族のメンバーについて話すときのパターンです。

③みなさんと知り合う機会があって、私はとても嬉しいです。

＊「有机会 + フレーズ、我非常高兴」というパターンはぜひ覚えておきましょう。

3

①**你属什么的？**

＊「属」は干支を表します。相手の年齢をたずねるとき、干支を聞くこともよくあります。決して失礼ではありません

②**你今年多大了？**

＊相手の年齢を直接たずねる言い方で、最もよく使われるものです。

③**你家有几口人？**

＊家族の人数を話すときに使う量詞は「口」です。兄弟の人数を言うときに使う量詞は「个」です。

「了」「只要〜就〜」の使い方

中国人の海外旅行

世界の観光地を席巻する中国人の旅行がテーマです。状況の変化を表す「了」と必要条件を表す「只要〜就〜」の使い方、「自从」「利用」「一定」などの重要表現を学びます。

CD
19

zì cóng gǎi gé kāi fàng yǐ lái zhōng guó rén qù guó wài lǚ yóu
自从改革开放以来，中国人去国外旅游

yǐ jīng shì sī kōng jiàn guàn de shì qing le
已经是司空见惯的事情了。

dà jiā lì yòng chūn jié hé guó qìng jié zhè yàng de jià qī
大家利用春节和国庆节这样的假期

qù guó wài lǚ yóu zhǐ yào shì zhù míng de lǚ yóu jǐng diǎn
去国外旅游。只要是著名的旅游景点，

jiù yí dìng kě yǐ kàn dào zhōng guó rén
就一定可以看到中国人。

jù tǒng jì èr líng yī bā nián qù guó wài lǚ yóu de zhōng guó rén
据统计，2018年去国外旅游的中国人

yǐ jīng dá dào yí yì sì qiān wàn rén
已经达到１亿４千万人。

学習のポイント

◎ 状況の変化を表す「了」の使い方
◎ 必要条件を表す「只要〜就〜」の使い方

改革開放以来、中国人が海外旅行に行くのは

もう珍しいことではなくなりました。

みんなお正月と国慶節のような休暇を利用して、

海外旅行に出かけます。有名な観光スポットでさえあれば、

必ず中国人を見かけることができます。

統計によると、2018 年に海外旅行に行った中国人は

すでに 1 億 4 千万人に達したとのことです。

本文単語

□ **自从** zì cóng 　〜より、〜から

□ **改革开放** gǎi gé kāi fàng 　改革開放（政策）

□ **以来** yǐ lái 　〜以来

□ **国外** guó wài 　海外、国外

□ **旅游** lǚ yóu 　旅行、旅行する

□ **司空见惯** sī kōng jiàn guàn 　見慣れてしまい珍しくない、日常のこと

□ **事情** shì qing 　事情、事柄

□ **利用** lì yòng 　利用、利用する

□ **春节** chūn jié 　春節（旧暦の正月）

□ **国庆节** guó qìng jié 　国慶節 ＊中国の建国記念日

□ **这样** zhè yàng 　このような、こうした

□ **假期** jià qī 　休暇、休みの期間

□ **只要〜就** zhǐ yào〜jiù 　〜でさえあれば〜だ、〜さえすれば〜だ

□ **著名** zhù míng 　有名である、著名である

□ **景点** jǐng diǎn 　観光スポット

□ **一定** yí dìng 　必ず、きっと

□ **可以** kě yǐ 　〜できる

□ **据统计** jù tǒng jì 　統計によると

□ **达到** dá dào 　〜に達する

□ **亿** yì 　億 ＊単位

CD 21

公式 19 変化を表す「了」の使い方

　動作の完了を表す「了」(UNIT 3、公式12参照　p.32) は動詞の後または文末に置いて、「何かをした」という意味になります。

　一方、変化を表す「了」は文末に置いて、天気・気候、時間・季節の変化、人の容姿・体調などの変化に使います。この場合、文中にある形容詞、名詞などが動詞の役割を果たします。

tā pàng le
他胖了。 （彼は太りました）

● **胖** pàng　太る (形容詞)

tiān qì lěng le
天气冷了。 （天気が寒くなりました）

● **天气** tiān qì　天気、気候

● **冷** lěng　寒い (形容詞)

yǐ jīng shí èr diǎn le
已经12点了。 （もう12時になりました）

● **点** diǎn　～時、時間を表す

公式 20 「只要～就～」の使い方

　「只要～就～」は「～でさえあれば～だ、～さえすれば～だ」の意味で必要条件を表します。「只要」は主語の前にも後にも置けます。

zhǐ yào tā lái　　wèn tí jiù kě yǐ jiě jué
只要他来，问题就可以解决。
（彼が来さえすれば、問題が解決できます）

● **问题** wèn tí　問題、難題

● **解决** jiě jué　解決、解決する

nǐ zhǐ yào rèn zhēn xué　　jiù kě yǐ xué hǎo
你只要认真学，就可以学好。
（あなたはまじめに勉強しさえすれば、マスターできます）

重要表現

● **自从** 〜より、〜から

過去のある時点を起点とすることを表します。

zì cóng shàng le dà xué tā xué xí rèn zhēn le
自从上了大学，他学习认真了。

（大学に進学してから、彼はまじめに勉強するようになりました）

● **学习** xué xí 勉強する、学習する
● **认真** rèn zhēn まじめに

＊「以来」と呼応して使うことがあります。

● **司空见惯** 見慣れてしまい珍しくない

「〜是司空见惯的事情」で「〜は珍しいことではない」の表現になります。

xiǎo xué shēng yòng shǒu jī yǐ jīng shì sī kōng jiàn guàn de shì qing le
小学生用手机已经是司空见惯的事情了。

（小学生が携帯電話を使うのはもう珍しいことではなくなりました）

● **小学生** xiǎo xué shēng 小学生
● **用手机** yòng shǒu jī 携帯電話を使う

● 「**〜利用〜**」 〜を利用して〜をする

wǒ lì yòng wǔ xiū qù biàn lì diàn mǎi dōng xi
我利用午休去便利店买东西。

（私は昼休みを利用して、コンビニへ買い物に行きます）

● **午休** wǔ xiū 昼休み

● **一定** 間違いなく、疑いなく

必ず、動詞の前に置きます。

míng tiān wǒ yí dìng cān jiā
明天我一定参加。 （明日、私は必ず参加します）

1 次のピンインを中国語の簡体字に書き直し、日本語に訳してみましょう。

① zì cóng gǎi gé kāi fàng yǐ lái

_____

② shì sī kōng jiàn guàn de shì qing le

_____

③ yí dìng kě yǐ kàn dào zhōng guó rén

_____

2 次の下線に適切な言葉を入れ、またその文を日本語に訳してみましょう。

① _____ 他上了大学，就非常认真学习。

_____

② 他 _____ 来，问题 _____ 可以解决。

_____

③ 我 _____ 参加。

_____

3 次の日本語の文を中国語に訳してみましょう。

① 私は休暇を利用して、中国へ旅行に行きます。

_____

② あなたさえ参加すれば、私も参加します。

_____

③ 日本には有名な観光スポットが数多くあります。

_____

1

①**自从改革开放以来。**　　改革開放以来。

②**是司空见惯的事情了。**　珍しいことではなくなりました。

③**一定可以看到中国人。**　必ず中国人を見かけることができます。

2

①**自从**

彼は大学に進学してからまじめに勉強しています。

　＊過去のある時点を起点とすることを表します。

②**只要　　就**

彼が来さえすれば、問題は解決できます。

　＊「〜でさえあれば〜だ」の意味で、必要条件を表します。

③**一定**

私は必ず参加します。

　＊動詞の前に置き、「間違いなく、必ず」という意味を表します。

3

①**我利用假期去中国旅游。**

②**只要你参加，我就参加。／你只要参加，我就参加。**

　＊主語は「只要」の前でも後でもいいです。

③**日本有很多著名的旅游景点。**

　＊「有」の前が場所の場合、その場所に人や物、建物、施設などが存在する
　　ことを表します。

連動文

東京での大学生活

北海道出身の私が東京で大学生活を始める話です。「連動文」をはじめ、場所が主語になる動詞「在」の用法、「离」「因为」「所以」などの表現を学びます。

CD
22

jīn nián wǒ kǎo shang le dōng jīng de dà xué
今年我考上了东京的大学。

yīn wèi wǒ fù mǔ hé xiōng dì jiě mèi dōu zhù zài běi hǎi dào
因为我父母和兄弟姐妹都住在北海道,

suǒ yǐ wǒ yí ge rén lái dōng jīng zhù zài dà xué de sù shè li
所以我一个人来东京,住在大学的宿舍里。

dà xué zài dōng jīng de jiāo wài sù shè lí dà xué bù yuǎn
大学在东京的郊外,宿舍离大学不远,

wǒ mǎi le yí liàng zì xíng chē měi tiān qí zì xíng chē shàng xué
我买了一辆自行车,每天骑自行车上学。

dà xué de xiào yuán hěn dà xiào yuán li yǒu hěn duō yīng huā shù
大学的校园很大,校园里有很多樱花树,

yīng huā shèng kāi de shí hou tè bié piào liang
樱花盛开的时候特别漂亮。

学習のポイント

◎ 2つ以上の述語がある「連動文」の用法

◎ 場所が主語になる動詞「在」の用法

◎ 因果関係を表す「因为」と「所以」の使い方

◎ 2つのものの空間的・時間的な隔たりを表す「离」の使い方

今年、私は東京の大学に合格しました。

両親と兄弟はみんな北海道に住んでいるため、

私は1人で東京に来て、大学の寮に住んでいます。

大学は東京の郊外にあり、寮から大学までは遠くありません。

私は自転車を1台買って、毎日自転車で大学に通っています。

大学のキャンパスは広くて、たくさんの桜の木があり、

桜が満開のころにはとてもきれいです。

本文単語

□ **考上** kǎo shang　～に合格する、～に受かる

□ **父母** fù mǔ　両親、父と母

□ **都** dōu（前の言葉を指して）みんな、全部

□ **所以** suǒ yǐ　したがって、だから　＊接続詞

□ **宿舍** sù shè　寮、宿舎

□ **在** zài　～にいる、～にある

□ **离** lí　～から（～まで）

□ **辆** liàng　車などを数えるときに使う　＊量詞

□ **每天** měi tiān　毎日

□ **上学** shàng xué　通学する、学校に通う

□ **櫻花** yīng huā　桜（の花）

□ **盛开** shèng kāi　（花が）満開になる

□ **特别** tè bié　特別に、とても

□ **因为** yīn wèi　～なので、～だから　＊接続詞

□ **兄弟姐妹** xiōng dì jiě mèi　（男女をまとめて）兄弟

□ **住在** zhù zài　～に住んでいる

□ **一个人** yí ge rén　ひとり

□ **里** lǐ　～の中に

□ **郊外** jiāo wài　郊外

□ **远** yuǎn　遠い　＊形容詞

□ **自行车** zì xíng chē　自転車

□ **骑** qí　（馬や自転車、オートバイなどに）乗る、またがる

□ **校园** xiào yuán　校内、キャンパス

□ **树** shù　木

□ **时候** shí hou　～のとき

□ **漂亮** piào liang　きれい、美しい　＊形容詞

 **連動文**

「連動文」とは、2つ以上の述語がある文のことを指します。

①前の動作が後ろの動作の手段・方式を表す

<ruby>他<rt>tā</rt></ruby> <ruby>坐<rt>zuò</rt></ruby> <ruby>电<rt>diàn</rt></ruby> <ruby>车<rt>chē</rt></ruby> <ruby>上<rt>shàng</rt></ruby> <ruby>班<rt>bān</rt></ruby>

他 坐 电 车 上 班 。 （彼は電車で通勤しています）

● **上班** shàng bān　通勤する、仕事に行く

＊「坐电车」は「上班」の手段・方式となっています。

②後ろの動作が前の動作の目的を表す

<ruby>他<rt>tā</rt></ruby> <ruby>去<rt>qù</rt></ruby> <ruby>中<rt>zhōng</rt></ruby> <ruby>国<rt>guó</rt></ruby> <ruby>留<rt>liú</rt></ruby> <ruby>学<rt>xué</rt></ruby>

他 去 中 国 留 学 。 （彼は中国へ留学に行きます）

● **留学** liú xué　留学をする

＊「留学」は「去中国」の目的になっています。

③「去」と「来」を用いる

| 主語 ＋ 去 ＋ 動詞 ＋ 目的語 | ～は～をしに行く |

<ruby>我<rt>wǒ</rt></ruby> <ruby>去<rt>qù</rt></ruby> <ruby>买<rt>mǎi</rt></ruby> <ruby>东<rt>dōng</rt></ruby> <ruby>西<rt>xi</rt></ruby>

我 去 买 东 西 。 （私は買い物に行きます）

● **买东西** mǎi dōng xi　買い物をする

| 主語 ＋ 来 ＋ 動詞 ＋ 目的語 | ～は～をしに来る |

<ruby>他<rt>tā</rt></ruby> <ruby>来<rt>lái</rt></ruby> <ruby>旅<rt>lǚ</rt></ruby> <ruby>游<rt>yóu</rt></ruby>

他 来 旅 游 。 （彼は旅行に来ます）

22 動詞「在」の使い方

　「在」は、人や物が存在する場所を表します。中国語には「人がいる」「物がある」という使い分けがないので、人にも物にも「在」を使います。「在」の後ろには、場所を表す名詞がきます。「在 ＋ 場所」となります。

人・物・施設など ＋ 在 ＋ 場所 　〜が〜にいる、〜が〜にある

biàn lì diàn zài qiánmian
便利店在前面。 （コンビニはこの先にあります）

● **前面** qián mian 先、前

biàn lì diàn bú zài qiánmian
便利店不在前面。 （コンビニはこの先にはありません）

＊否定文は「在」の前に「不」を付けます。

biàn lì diàn zài qiánmian ma
便利店在前面吗？ （コンビニはこの先にありますか）

＊疑問文は文末に「吗」を付けます。

公式 23 因果関係を表す「因为」と「所以」

「因为」は「〜なので、〜だから」の意味の接続詞で、原因・理由を述べる文の先頭に用いられることが多いです。

yīn wèi wǒ hěn máng jīn tiān de huó dòng bù cān jiā
因为我很忙，今天的活动不参加。
（私は忙しいので、今日のイベントに参加しません）

「所以」は「したがって、だから」の意味の接続詞で、因果関係を述べる文で、結果・結論を表し、その文の先頭に用いられます。「因为」と呼応することが多いです。

yīn wèi wǒ hěn máng suǒ yǐ jīn tiān de huó dòng bù cān jiā
因为我很忙，所以今天的活动不参加。
（私は忙しいです。だから、今日のイベントに参加しません）

公式 24 「离」の用法

・・

「离」は２つのものの空間的・時間的な隔たりを表します。

| 場所 ＋ 离 ＋ 場所 ＋ 〜 | 〜から〜まで |

wǒ jiā lí dà xué hěn yuǎn
我 家 离 大 学 很 远 。 （私の家から大学までは遠いです）

| 時間 ＋ 离 ＋ 時間 ＋ 〜 | 〜から〜まで |

xiàn zài lí chūn jié hái yǒu yí ge yuè
现 在 离 春 节 还 有 一 个 月 。 （今から春節まであと1カ月です）

● **还** hái まだ、また
● **一个月** yí ge yuè 1カ月

＊「离」の前の場所・時間が省略される場合には、場所なら「今いる場所」
　または話者たちにとっての特定の場所、時間なら「今」または話者た
　ちにとっての特定の時間を指します。

═══
重要表現
═══

● **考 上**　〜に合格する、〜に受かる

「考上 ＋ 受験先」でよく使います。

tā kǎo shang le dà xué wǒ méi kǎo shang
他 考 上 了 大 学 ， 我 没 考 上 。
（彼は大学に受かったが、私は受かりませんでした）

- -

● **都**　みんな、全部

前の言葉を指して「みんな、全部」の意味を表し、動詞の前に置きます。

dà jiā dōu lái le
大 家 都 来 了 。 （全員来ています）

- -

● 「住在 + 場所」　〜に住んでいる

tā　yì　zhí　zhù zài shàng hǎi
他 一 直 住 在 上 海 。 （彼はずっと上海に住んでいます）

　　　　　　　● 一直 yì zhí　ずっと

● 「名詞 + 里」　〜の中に

場所を表すのに名詞の後ろに「里」を付けるという表現法があります。

fáng jiān　li
房 间 里 （部屋の中に）

yín háng　li
银 行 里 （銀行の中に）

● 「〜的时候」　〜のとき

あるひとまとまりの時間を指し、「名詞・フレーズ + 的时候」で使います。

mǎi dōng xi　de　shí hou　shùn biàn qù　yóu jú
买 东 西 的 时 候 , 顺 便 去 邮 局 。
（買い物をするときに、ついでに郵便局に行きます）

　　　　　　　● 顺便 shùn biàn　ついでに
　　　　　　　● 邮局 yóu jú　郵便局

かんたん10分間エクササイズ

1 次のピンインを中国語の簡体字に書き直し、日本語に訳してみましょう。

① wǒ yí ge rén lái dōng jīng

_____

② dà xué zài dōng jīng de jiāo wài

_____

③ xiào yuán li yǒu hěn duō yīng huā shù

_____

2 次の下線に適切な言葉を入れ、その文を日本語に訳してみましょう。

① _____ 我很忙，_____ 不参加。　_____

② 大家 _____ 来了。　　　　　_____

③ 宿舍 _____ 大学不远。　　　_____

3 次の日本語の文を中国語に訳してみましょう。

① 私は毎日、自転車で通学しています。

_____

② 両親はともに北海道に住んでいます。

_____

③ 桜が満開のころには、とてもきれいです。

_____

1 ……………………………………………………………

①我一个人来东京。　　　私は1人で東京に来ています。

②大学在东京的郊外。　　大学は東京の郊外にあります。

③校园里有很多樱花树。　校内にたくさんの桜の木があります。

2 ……………………………………………………………

①因为　　所以　　私は忙しいので、参加しません。

　　＊「因为」はよく原因・理由を述べる文の先頭に用いられます。「所以」は因
　　　果関係を述べる文で、結果・結論を表し、その文の先頭に用いられます。
　　　「因为」と「所以」は呼応して一緒に使われることが多いです。

②都　　　　　　全員来ています。

　　＊前の言葉を指して、「みんな、全部」という意味を表します。必ず動詞の
　　　前に置きます。

③离　　　　　　寮から大学までは遠くありません。

　　＊2つのものの空間的・時間的な隔たりを表します。

3 ……………………………………………………………

①我每天骑自行车上学。

　　＊連動文で、「骑自行车」は「上学」の手段を表します。

②我父母都住在北海道。

　　＊「住在」の後ろは必ず場所で、「住在 + 場所」という形を覚えましょう。

③樱花盛开的时候，特别(非常)漂亮。

　　＊「的时候」の前には名詞もフレーズも置けます。

79

偶然に会った旧友の近況が語られる文章です。前置詞「在」や副詞「就」が組み込まれています。「形容詞述語文」の使い方も学びます。

jīn tiān zài chē zhàn pèng jiàn le dà xué tóng xué hú xiǎo gāng
今天在车站碰见了大学同学胡小刚。

dà xué bì yè yǐ hòu yì zhí méi yǒu jiàn guo miàn
大学毕业以后一直没有见过面。

hú xiǎo gāng bì yè yǐ hòu mǎ shàng jiù huí shàng hǎi gōng zuò le
胡小刚毕业以后马上就回上海工作了，

yīn wèi tā fù mǔ dōu zài shàng hǎi
因为他父母都在上海。

zhè jǐ tiān tā lái běi jīng chū chāi
这几天他来北京出差。

suī rán bā nián méi jiàn le dàn shì tā hái shi lǎo yàng zi
虽然八年没见了，但是他还是老样子，

méi zěn me biàn
没怎么变。

jiàn dào lǎo tóng xué wǒ men dōu hěn gāo xìng
见到老同学我们都很高兴。

学習のポイント

◎ 動作が行われる場所を表す前置詞「在」の使い方
◎ 副詞「就」（すぐに、じきに）の使い方
◎ 「形容詞述語文」の基本

今日、駅で大学の同級生の胡小鋼さんに会いました。

大学を卒業してからずっと会っていませんでした。

胡小鋼さんは、卒業後すぐに上海に戻り、仕事をしました。

彼の両親はともに上海にいるからです。

この数日、彼は北京へ出張に来ています。

8年ぶりですが、彼は相変わらずで、

あまり変わっていません。

昔の同級生に会えて、私たちはどちらもとても嬉しかったです。

本文単語

- □ **车站** chē zhàn　駅、バス停
- □ **同学** tóng xué　同級生、クラスメート
- □ **以后** yǐ hòu　〜以後、〜してから
- □ **马上** mǎ shàng　すぐに
- □ **工作** gōng zuò　仕事、仕事をする
- □ **出差** chū chāi　出張、出張をする
- □ **但是** dàn shì　しかし、でも　*接続詞
- □ **老样子** lǎo yàng zi　昔のまま
- □ **老同学** lǎo tóng xué　昔の同級生

- □ **碰见** pèng jiàn　ばったり会う、出会う
- □ **毕业** bì yè　卒業、卒業する
- □ **一直** yì zhí　ずっと、しばらくの間
- □ **就** jiù　すぐに
- □ **这几天** zhè jǐ tiān　この数日
- □ **虽然** suī rán　〜であるけれども〜だ　*接続詞
- □ **还是** hái shi　やはり
- □ **没怎么变** méi zěn me biàn　相変わらず
- □ **很** hěn　とても

公式 25 　前置詞の「在」の使い方

前置詞の「在」は、動作が行われる場所を表します。

| 主語 + 在 + 場所 + 動詞 + 目的語 | 　～が～で～をする |

tā　zài shàng hǎi gōng zuò
他 在 上 海 工 作 。 （彼は上海で仕事をしています）

● **工作** gōng zuò　仕事、仕事をする

wǒ zài dōng jīng shàng dà xué
我 在 东 京 上 大 学 。 （私は東京で大学に通っています）

＊「在」は動詞と前置詞の２つの使い方がありますが、動詞にしても前置詞にしても、後ろには必ず場所の名詞がきます。両者を区別するポイントは、「在」と場所だけであれば動詞、場所の後ろに動詞があれば前置詞です。日本語に訳す場合には、動詞の「在」は「～にいる、～にある」、前置詞の「在」は「～で（～をする）」と訳します。

公式 26 　「就」の用法

「就」は副詞で、動詞・形容詞の前に置きます。「すぐに、じきに」という意味を表します。「马上」と一緒に使うことが多いです。

| 主語 + 马上就 + 動詞または形容詞 | 　すぐに、じきに |

wǒ mǎ shàng jiù dào
我 马 上 就 到 。 （私はすぐに着きます）

● **到** dào　着く、到着する

fàn mǎ shàng jiù zuò hǎo
饭 马 上 就 做 好 。 （食事はすぐに出来上がります）

● **饭** fàn　食事、ご飯

一 ＋ 就 ＋ 〜	〜をしてから、すぐに〜をする

2つの動作が続く場合、前の動作が終わって、すぐに次の動作に移るという意味を表します。「马上就」という形もよく使います。

主語 ＋ 一 ＋ 動作1、就 ＋ 動作2

wǒ yí dào gōng sī　jiù gěi tā dǎ diàn huà
我一到公司，就给他打电话。

(私は会社に着いたら、すぐに彼に電話をします)

- **公司** gōng sī　会社、職場
- **给** gěi　〜に (動作の対象を表す)
- **打电话** dǎ diàn huà　電話をかける

tā yí shàng dà xué　jiù kāi shǐ xué hàn yǔ le
他一上大学，就开始学汉语了。

(彼は大学に進学したら、すぐに中国語を習い始めました)

- **开始** kā shǐ　始まる、始める

公式 27 形容詞述語文 ....

「形容詞述語文」とは、形容詞が述語の役割を果たす文のことです。他に述語は必要ありません。「是」は「〜は〜だ」と訳すので、「是」を入れると日本語の訳にぴったり合うので間違いやすいですが、形容詞述語文に「是」は不要です。中国語本来の文の形を覚えましょう。

肯定形： | 主語 ＋ 很 ＋ 形容詞 |
|---|

tā hěn gāo xìng
他很高兴。 (彼は嬉しいです)

＊形容詞述語文の肯定形では、基本的に形容詞の前に副詞の「很」が必要です。しかし、「很」の本来持つ「とても」という意味はありません。言ってみれば、「很」はお飾りのようなものです。

否定形： 主語 ＋ 不 ＋ 形容詞

_{tā bù gāo xìng}
他不高兴。 （彼は嬉しくありません）

＊形容詞の前に「不」を付けると否定形になります。

疑問形： 主語 ＋ 形容詞 ＋ 吗

_{tā gāo xìng ma}
他高兴吗？ （彼は嬉しいですか）

＊文末に「吗」を付けると疑問形になります。

＊形容詞述語文の否定形と疑問形には、「很」は必要ありません。もし「很」を付けると、「很」本来の「とても」という意味を持つことになります。

「很」はあくまでも「普通である」という程度を表すときに必要なものなので、普通以上の程度を表す場合には、「比較的、非常に、とても」の意味を表す言葉を入ます。

_{wǒ fēi cháng gāo xìng}
我非常高兴。 （私は非常に嬉しいです）

_{yīng huā tè bié piàoliang}
樱花特别漂亮。 （桜の花はとてもきれいです）

重要表現

● 「～以后」 ～以後、～の後

「フレーズ ＋ 以后」の形で使います。

_{lái rì běn yǐ hòu wǒ yì zhí zhù zài dōngjīng}
来日本以后，我一直住在东京。
（日本に来てから、私はずっと東京に住んでいます）

● 虽然　〜ではあるけれども

　接続詞で、主語の前でも後でも使えます。一方の事実を認めると同時に、他方の事実も認めるという意味です。「但是」と呼応して使うことが多いです。

suī rán tā huí shàng hǎi le　dàn shì wǒ men jīng cháng lián xi
虽然他回上海了，但是我们经常联系。
（彼は上海に戻りましたが、私たちはいつも連絡を取っています）

● **经常** jīng cháng　いつも、常に
● **联系** lián xi　連絡を取る、連絡をする

● 还是老样子　相変わらず

tā hái shi lǎo yàng zi
他还是老样子。 （彼は相変わらずです）

● 没怎么变　あまり変わっていない

jiā xiāng méi zěn me biàn
家乡没怎么变。 （故郷はあまり変わっていません）

● **家乡** jiā xiāng　故郷、ふるさと

「老样子」と「没怎么变」を一緒に使うこともできます。

jiā xiāng hái shi lǎo yàng zi　méi zěn me biàn
家乡还是老样子，没怎么变。
（故郷は相変わらずで、あまり変わっていません）

1 次のピンインを中国語の簡体字に書き直し、日本語に訳してみましょう。

① jīn tiān pèng jiàn le tóng xué

_____

② zhè jǐ tiān lái běi jīng chū chāi

_____

③ wǒ men dōu hěn gāo xìng

_____

2 次の中国語の文を日本語に訳してみましょう。

① **我在车站碰见了大学同学。**

_____

② **大学毕业以后, 他马上就回上海工作了。**

_____

③ **大家还是老样子, 没怎么变。**

_____

3 次の日本語の文を中国語に訳してみましょう。

① 彼は北京で中国語を勉強します。

_____

② 仕事が終わると、彼はすぐに帰宅します。

_____

③ 私は忙しいですが、必ず行きます。

_____

1

①**今天碰见了同学。** 　今日、同級生にばったり会いました。

②**这几天来北京出差。** 　この数日、北京に出張に来ています。

③**我们都很高兴。** 　　　私たちはみんな嬉しいです。

2

①私は駅で大学の同級生にばったりと会いました。

②大学を卒業した後、彼はすぐに仕事のため上海に戻りました。

③みんな相変わらずで、あまり変わっていません。

　　＊「老样子」と「没怎么变」は同じ意味で、単独でも、一緒に使うこともできます。

3

①**他在北京学习汉语。**

　　＊「在」は動作が行われる場所を表します。必ず「在 ＋ 場所」という語順にして、「在 ＋ 場所」は動詞の前に置きます。

②**下班以后，他马上就回家。**

　　＊「就」は副詞で、必ず動詞の前に置き、「すぐに、じきに」という意味を表します。よく「马上」と一緒に使います。

③**虽然我很忙，但是我一定去。**

　　＊「虽然」は接続詞で、「～ではあるけれども」という意味で、「但是」と呼応して使うことが多いです。「忙」は形容詞です。普通の程度を表す場合には、形容詞の前に「很」を必ず付けます。

比較の文／存在文

新しい家に引っ越しました

新しい家への引っ越しと念願かなった自分の書斎について述べる文章です。比較の文と存在文が組み込まれています。動作の進行を表す表現も学びます。

CD 28

wǒ men bān xīn jiā le
我们搬新家了。

xīn jiā de fáng jiān bǐ yuán lái de jiā duō yì jiān
新家的房间比原来的家多一间。

wǒ yì zhí xī wàng yǒu yì jiān zì jǐ de shū fáng
我一直希望有一间自己的书房，

zhè ge mèng xiǎng zhōng yú shí xiàn le
这个梦想终于实现了。

shū fáng li fàng zhe yí ge shā fā yì zhāng xiě zì tái yì bǎ yǐ zi
书房里放着一个沙发，一张写字台、一把椅子

hé sān ge shū jià shū jià shang fàng zhe hěn duō shū
和三个书架，书架上放着很多书。

wǒ zuò zài shā fā shang yì biān hē kā fēi yì biān kàn shū
我坐在沙发上，一边喝咖啡，一边看书。

xīn li měi zī zī de
心里美滋滋的。

学習のポイント

◎ 「比較」の文：[A ＋ 比 ＋ B ＋ 形容詞]
◎ 動作の持続を表す「着」の用法
◎ 動作の進行を表す表現
◎ 存在文：[場所 ＋ 動詞 ＋ 着 ＋ 人・物]

私たちは新しい家に引っ越しをしました。

新しい家の部屋は以前の家より一間多いです。

私はずっと自分の書斎を望んでいましたが、

この夢がようやく実現しました。

書斎には、ソファ1つ、学習机1つ、椅子1脚と

3つの本棚を置いてあります。本棚には、たくさんの本を置いてあります。

私はソファに座って、コーヒーを飲みながら、本を読みます。

心の中は嬉しくてしかたありません。

本文単語

- □ **搬家** bān jiā　引越しをする
- □ **比** bǐ　～より、～に比べて
- □ **多** duō　多い　＊形容詞
- □ **希望** xī wàng　望む、希望する
- □ **这个** zhè ge　この、これ
- □ **终于** zhōng yú　ようやく、とうとう
- □ **放** fàng　置く、並ぶ
- □ **沙发** shā fā　ソファ
- □ **写字台** xiě zì tái　学習机
- □ **椅子** yǐ zi　椅子、ベンチ
- □ **书** shū　本
- □ **一边 ~ 一边** yì biān~yì biān　～をしながら～をする
- □ **咖啡** kā fēi　コーヒー
- □ **美滋滋的** měi zī zī de　嬉しくて浮き浮きしている

- □ **新家** xīn jiā　新しい家
- □ **原来** yuán lái　以前、従来
- □ **间** jiān　部屋を数える　＊量詞
- □ **书房** shū fáng　書斎
- □ **梦想** mèng xiǎng　夢、願い
- □ **实现** shí xiàn　実現する、叶う
- □ **着** zhe　～してある　＊動作の持続を表す。
- □ **张** zhāng　机などを数える　＊量詞
- □ **把** bǎ　椅子や傘を数える　＊量詞
- □ **书架** shū jià　本棚
- □ **坐在** zuò zài　～に座る
- □ **喝** hē　飲む
- □ **心里** xīn li　心の中

 比較の文

「比」は「〜より、〜に比べて」という意味で、比較の文をつくります。

| A ＋ 比 ＋ B ＋ 形容詞 | AはBより〜だ

xīn jiā bǐ yuán lái de jiā dà
新家比原来的家大。 （新しい家は以前の家より大きいです）

xīn jiā méi yǒu yuán lái de jiā dà
新家没有原来的家大。 （新しい家は以前の家ほど大きくありません）

＊否定は「不比」ではなく、「没有」を使います。

xīn jiā bǐ yuán lái de jiā dà ma
新家比原来的家大吗？ （新しい家は以前の家より大きいですか）

＊文末に「吗」を付けると疑問形になります。

＊比較の文の形容詞の前には「很」を付けません。

比較の程度などを表す場合

| A ＋ 比 ＋ B ＋ 形容詞 ＋ 〜 | AはBより〜だ

xīn jiā bǐ yuán lái de jiā dà yì diǎnr
新家比原来的家大一点儿。
（新しい家は以前の家より少し大きいです）

xīn jiā bǐ yuán lái de jiā duō yì jiān
新家比原来的家多一间。
（新しい家は以前の家より一間多いです）

「着」の用法

公式
29

　動作を行って、その動作の結果・状態が持続していることを表します。「着」を使うのは、一定の時間にわたって継続して行うことができない動詞に限ります。

| 主語 ＋ 動詞 ＋ 着 ＋ 呢 |　～している、～である。

tā zhàn zhe ne
他 站 着 呢 。（彼は立っています）

　　　　　●**站** zhàn　立つ

wǒ dài zhe yì tiáo xiàng liàn
我 戴 着 一 条 项 链 。（私はネックレスを着けています）

　　　　　●**戴** dài　身に着ける、つける
　　　　　●**一条项链** yì tiáo xiàng liàn　1本のネックレス

xīn jiā li fàng zhe shā fā
新 家 里 放 着 沙 发 。（新しい家にはソファが置いてあります）

＊文末の「呢」は省略することもできます。

＊否定は動詞の前に「没有」を付けます。ただし、否定形は質問に答える程度で、普段はあまり使いません。

nǐ ná zhe yǔ sǎn ne ma
你 拿 着 雨 伞 呢 吗？（あなたは傘を持っていますか）

　　　　　●**拿** ná　持つ、取る
　　　　　●**雨伞** yǔ sǎn　傘

＊文末に「吗」を付けると疑問形になります。

30 動作の進行を表す表現

動作が一定の時間にわたって継続して行われることを表します。

| 主語 ＋ 正／在／正在 ＋ 動詞 ＋ 呢 |　　〜は〜をしている

tā zhèng kàn shū ne
他 正 看 书 呢 。 （彼は本を読んでいます）

dà jiā zài chàng gē ne
大 家 在 唱 歌 呢 。 （みんなは歌を歌っています）

●**唱歌** chàng gē　歌を歌う

wǒ men zhèng zài kāi huì ne
我 们 正 在 开 会 呢 。 （私たちは会議をしています）

●**开会** kāi huì　会議をする

tā kàn diàn shì ne
她 看 电 视 呢 。 （彼女はテレビを見ています）

●**看电视** kàn diàn shì　テレビを見る

＊進行を表すには「正」「在」「正在」「呢」のいずれかが必要です。

＊否定は動詞の前に「没有」を付けます。ただし、否定形は質問に答える程度で、普段はあまり使いません。

＊文末に「吗」を付けると、疑問文になります。

---

31 存在文

「存在文」は、ある場所に人や物が存在していることを表す文のことです。

| 場所 ＋ 動詞 ＋ 着 ＋ 人・物 |

xiě zì tái shang fàng zhe yì běn shū
写 字 台 上 放 着 一 本 书 。 （学習机の上に本が1冊置いてあります）

●**一本书** yì běn shū　1冊の本

shā fā shang zuò zhe yí ge rén

沙发上坐着一个人。（ソファに1人の人が座っています）

＊存在文の人・物は［数字 ＋ 量詞 ＋ 人・物］の形で表すことが多いです。

存在を表す「有」と存在文の違い

xiě zì tái shang yǒu yì běn shū

写字台上有一本书。（机の上に1冊の本があります）

＊「1冊の本がある」ということだけを表します。

xiě zì tái shangfàng zhe yì běn shū

写字台上放着一本书。（学習机の上に1冊の本が置いてあります）

＊上記の２つの文は意味としては同じですが、存在文は「存在のあり方」を表しています。

公式 32 **２つの動作が同時に進行する表現**

「一边」は必ず動詞の前に置き、また、１つの動作に対して「一边」を１回使います。この点は日本語と違うので注意しましょう。

| 主語 ＋ 一边 ＋ 動作1 ＋ 一边 ＋ 動作2 | ～をしながら～をする

wǒ yì biān tīng yīn yuè yì biān kàn shū

我一边听音乐一边看书。

（私は音楽を聴きながら本を読みます）

● **听** tīng 聴く

● **音乐** yīn yuè 音楽

第2章 UNIT **10** 比較の文／存在文

● 希望　〜を望む

　　| 主語 ＋ 希望 ＋ フレーズ |　　〜が〜を望んでいる、〜が〜を希望している

　　　　wǒ　xī wàng zài jiàn dào　nǐ
　　我 希 望 再 见 到 你 。　（またお会いしたいです）
　　　　　　　　　　　　　　　　● **再** zài　再び

　　　　tā　fù　mǔ　bù　xī wàng tā　yí　ge rén　qù
　　他 父 母 不 希 望 他 一 个 人 去 。
　　（彼の両親は彼が一人で行くのを望んでいません）
　　　　　　　　　　　　　　　　● **父母** fù mǔ　父母、両親

● 终于　ついに、とうとう

　　動詞の前に置いて使います。

　　　　tā zhōng yú huí lai　le
　　他 终 于 回 来 了 。　（彼はとうとう帰って来ました）

●「名詞 ＋ 上」　〜の中に、〜の上に

　　中国語では場所を表すのに名詞の後ろに「上」を付ける表現法があり
　　ます。

　　　　shā　fā shang
　　沙 发 上　ソファの上に
　　　　fēi　jī shang
　　飞 机 上　飛行機の中に

　　＊「上」は本来は「〜の上」という意味です。しかし、中国語の習慣で
　　　は、「乗り物の中」を言うときにはよく「〜上」を使います。例えば、
　　　「飞机上」は「飛行機の中」という意味です。

● 「坐在 + 場所」 ～に座る

wǒ zuò zài shā fā shang
我 坐 在 沙 发 上 。 （私はソファに座っています）

tā zuò zài shā fā shang kàn shū
他 坐 在 沙 发 上 看 书 。 （彼はソファに座って、本を読みます）

● 美滋滋的　嬉しくて浮き浮きしている

「心里美滋滋的」という形がよく使われています。

tā xīn li měi zī zī de
他 心 里 美 滋 滋 的 。 （彼は嬉しくてしようがないのです）

かんたん10分間エクササイズ

1 次のピンインを中国語の簡体字に書き直し、日本語に訳してみましょう。

① wǒ men bān xīn jiā le

_____

② zhè ge mèng xiǎng zhōng yú shí xiàn le

_____

③ yì zhāng xiě zì tái hé yì bǎ yǐ zi

_____

2 次の中国語の単語を正しい語順で並べ、また日本語に訳してみましょう。

① 房间　比　新家　原来　的　一间　多　的　家

_____

② 很多　书架　书　上　放着

_____

③ 他　喝　一边　咖啡　一边　书　看

_____

3 次の日本語の文を中国語に訳してみましょう。

① 書斎にソファが１つ置いてあります。

_____

② 彼は本を読んでいます。

_____

③ 私はソファに坐って、心の中は嬉しくてしかたありません。

_____

1

①**我们搬新家了。**　　　私たちは新しい家に引っ越しました。

②**这个梦想终于实现了。**　この夢はようやく実現しました。

③**一张写字台和一把椅子。**　学習机1つと椅子1脚。

2

①**新家的房间比原来的家多一间。**
新しい家は以前の家より1間多いです。

②**书架上放着很多书。**　本棚にはたくさんの本が置いてあります。

　　＊「着」は動詞の後ろに置き、動作の結果・状態が持続していることを表します。

③**他一边喝咖啡一边看书。**　彼はコーヒーを飲みながら本を読みます。

　他一边看书一边喝咖啡。　彼は本を読みながらコーヒーを飲みます。

　　＊「一边」は2つの動作が同時に進行していることを表します。1つの動作に「一边」を1回使うので、日本語の「～をしながら」と表現が異なります。注意しましょう。

3

①**书房里放着一个沙发。**

②**他在看书呢。／他正看书呢。／他正在看书呢。／
他看书呢。**

　　＊「在」「正」「正在」「呢」は動作が進行していることを表します。どれでもOKです。

③**我坐在沙发上心里美滋滋的。**

　　＊「坐在 + 場所」は「～に座る」という意味を表します。「美滋滋的」は「嬉しくて浮き浮きしている」様子を表します。心の底から嬉しいと感じるときにぜひ使ってみましょう。

さまざまな疑問文②

⑤選択疑問文「还是」（〜それとも〜？）

　選択疑問文とは、２つの選択肢の中から１つを選択させる疑問文のことです。

［選択肢Ａ ＋ 还是 ＋ 選択肢Ｂ］（選択肢Ａ　それとも　選択肢Ｂ？）

nǐ hē kā fēi hái shi he chá
你 喝 咖啡 还是 喝茶？
（あなたはコーヒーを飲みますか、それともお茶を飲みますか）

zhè shì nǐ de shǒu jī hái shi tā de shǒu jī
这是你的手机还是他的手机？
（これはあなたの携帯電話ですか、それとも彼の携帯電話ですか）

　＊「还是」の前後が同じ動詞の場合、後ろの動詞を省略することができます。また、動詞が「是」である場合、「还是」の後ろに「是」は付けません。

⑥疑問代詞疑問文

　疑問代詞とは、5W1H ——「だれ」「何」「いつ」「どこ」「なぜ」「どのように」という、疑問を表す言葉を指します。疑問代詞については、何についてたずねるものかを知っておけば、どんな種類の言葉で答えるべきかがわかります。疑問代詞が入っている疑問文に答える場合には、疑問代詞のところを答えの言葉に置き換えるだけです。他の部分はそのままでOKです。

誰 shéi / shuí（だれ）
zhè shì shéi de shǒu jī
这是谁的手机？（これはだれの携帯電話ですか）

哪 nǎ（どれ、どの）
nǎ shì nǐ de shǒu jī
哪是你的手机？（どれがあなたの携帯電話ですか）

什么 shén me（何、どんな）

nǐ zài kàn shén me
你在看什么？ （あなたは何を見ているのですか）

哪儿 nǎr（どこ）

nǐ zhù zài nǎr
你住在哪儿？ （あなたはどこに住んでいますか）

什么地方 shén me dì fang（どこ）

nǐ zhù zài shén me dì fang
你住在什么地方？ （あなたはどこに住んでいますか）

什么时候 shén me shí hou（いつ）

nǐ dǎ suan shén me shí hou qù
你打算什么时候去？ （あなたはいつ出かける予定ですか）

多长时间 duō cháng shí jiān（どれくらい）

nǐ dǎ suan qù duō cháng shí jiān
你打算去多长时间？ （あなたはどれくらい出かける予定ですか）

多大 duō dà（いくつ）

nǐ jīn nián duō dà le
你今年多大了？ （あなたは今年いくつですか）

怎么 zěn me（どのように、どうやって）

nǐ měi tiān zěn me shàng bān
你每天怎么上班？ （あなたは毎日どうやって仕事に行きますか）

为什么 wèi shén me（なぜ、どうして）

nǐ zuó tiān wèi shén me méi lái
你昨天为什么没来？ （あなたはどうして昨日来なかったのですか）

疑問代詞「几 jǐ」と「多少 duō shao」

　どちらも、「いくつ、どのくらい」と数をたずねるときに使います。ただし、答えとして予測できる数で「几」と「多少」を使い分けます。

　「几」は答えとして10以下の数が予測できる場合に使います。

nǐ yǒu jǐ ge shǒu jī
你有几个手机？ （あなたは携帯電話をいくつ持っていますか）

　「多少」は特に数の制限はありませんが、10以上の数を予測できる場合に使うことが多いです。

jiào shì li yǒu duō shao xué sheng
教室里有多少学生？ （教室の中に学生は何人くらいいますか）

> ＊ただし、「几」か「多少」かが、慣用的に決まっている場合もあります。例えば、家族の人数、兄弟の人数、年月日、曜日、時間などをたずねるときには、10以上でも以下でも「几」を使い、番号や金額をたずねるときには、「多少」を使うのが決まりです。

nǐ jiā yǒu jǐ kǒu rén
你家有几口人？ （あなたは何人家族ですか）

nǐ yǒu jǐ ge dì di
你有几个弟弟？ （あなたは弟が何人いますか）

jīn tiān jǐ yuè jǐ hào xīng qī jǐ
今天几月几号星期几？ （今日は何月何日何曜日ですか）

xiàn zài jǐ diǎn le
现在几点了？ （今、何時ですか）

nǐ de diàn huà hào mǎ shì duō shao
你的电话号码是多少？ （あなたの電話番号は何番ですか）

zhè ge shǒu jī duō shao qián
这个手机多少钱？ （この携帯電話はいくらですか）

[文法応用編]

第3章

「時点と時間量」は中国語特有の時間表現です。
「使役文」や「把」の構文など応用的な文法項目も学びます。
「往」「为」「跟」など重要表現の使い方も覚えましょう。

時点と時間量

貿易会社で働く

貿易会社で働く高橋さんの仕事ぶりを述べる文章です。時間表現が組み込まれています。「時点」と「時間量」を使い分けられるようにしましょう。

gāo qiáo xìng fū zài yì jiā mào yì gōng sī gōng zuò
高桥幸夫在一家贸易公司工作。

tā zài dà xué xué guo yì diǎnr hàn yǔ
他在大学学过一点儿汉语，

ér qiě qù zhōng guó liú xué le liǎng nián
而且去中国留学了两年，

suǒ yǐ fù zé gēn zhōng guó de yè wù
所以负责跟中国的业务。

gāo qiáo zhù zài dōng jīng dū nèi
高桥住在东京都内，

měi tiān zuò dì tiě shàng bān   dà yuē yào yí ge xiǎo shí
每天坐地铁上班，大约要一个小时。

tā měi tiān zǎo shang jiǔ diǎn shàng bān   xià wǔ liù diǎn xià bān
他每天早上9点上班，下午6点下班，

zhōng wǔ xiū xi yí ge xiǎo shí   gōng zuò fēi cháng máng
中午休息一个小时。工作非常 忙。

dàn shì   tā fēi cháng xǐ huan xiàn zài de gōng zuò
但是，他非常喜欢现在的工作。

✓ 学習のポイント

◎「時点」と「時間量」の区別とそれぞれの語順

◎ 時刻の言い方

高橋幸夫さんは貿易会社で働いています。

彼は大学で中国語を少し勉強したことがあり、

さらに2年間、中国に留学に行きました。

ですから、中国との業務を担当しています。

高橋さんは東京都内に住んでいて、

毎日地下鉄で通勤し、およそ1時間かかります。

彼は毎日朝9時に出勤して、午後6時に退社して、

昼は1時間休みます。仕事は非常に忙しいです。

しかし、彼は今の仕事がとても気に入っています。

本文単語

□ **家** jiā　会社、店などを数える　*量詞

□ **公司** gōng sī　会社、職場

□ **留学** liú xué　留学、留学する

□ **跟** gēn　～と

□ **坐** zuò　乗る、坐る

□ **上班** shàng bān　仕事に行く、通勤する

□ **要** yào　かかる

□ **点** diǎn　～時　*時間を表す

□ **下班** xià bān　仕事が終わる、退社する

□ **忙** máng　忙しい　*形容詞

□ **现在** xiàn zài　今、現在

□ **贸易** mào yì　貿易

□ **而且** ér qiě　そして、さらに

□ **负责** fù zé　担当する、管理する

□ **业务** yè wù　業務、仕事

□ **地铁** dì tiě　地下鉄

□ **大约** dà yuē　およそ、だいたい

□ **早上** zǎo shang　朝、早朝

□ **下午** xià wǔ　午後

□ **中午** zhōng wǔ　昼、正午

□ **喜欢** xǐ huan　好きである、気に入る

CD 33

公式 33 時点と時間量

　中国語には、時間の表現において「時点」と「時間量」という2つの概念があり、はっきりと区別します。というのは、これら2つの言葉は文中の語順が異なるからです。

　「時点」とは、時間の流れの中での一点、つまり、時刻のことです。しかし、中国語の時点は電車の時刻表に掲載されている何時何分だけではなく、「〜年、〜月、〜日、〜曜日」等はすべて時点の範ちゅうに入ります。

　一方、「時間量」はある時点から別の時点までの間、つまり時間の長さのことです。「〜年間、〜カ月、〜日間、〜時間」などは時間量となります。「二」「两」を使って、次の表でそれぞれの言い方を確認しましょう。

時点	時間量
2020年 èr líng èr líng nián（2020年）	两年 liǎng nián（2年間）
2月 èr yuè（2月）	两个月 liǎng ge yuè（2カ月）
2号 èr hào（2日）	两天 liǎng tiān（2日間）
星期二 xīng qī èr（火曜日）	两个星期 liǎng ge xīng qī（2週間）
两点 liǎng diǎn（2時）	两个小时 liǎng ge xiǎo shí（2時間）
两分 liǎng fēn（2分）	两分钟 liǎng fēn zhōng（2分間）
一刻 yí kè（15分）	一刻钟 yí kè zhōng（15分間）
两秒 liǎng miǎo（2秒）	两秒钟 liǎng miǎo zhōng（2秒間）
去年 qù nián（去年）	
今年 jīn nián（今年）	
明年 míng nián（来年）	
每年 měi nián（毎年）	
昨天 zuó tiān（昨日）	
今天 jīn tiān（今日）	
明天 míng tiān（明日）	

每天 měi tiān（毎日）	
早上 zǎo shang（朝）	
晚上 wǎn shang（夜）	
上午 shàng wǔ（午前中）	
中午 zhōng wǔ（昼）	
下午 xià wǔ（午後）	

　時点の語順は２通りあります。日本語の訳は同じですが、中国語のニュアンスは異なるので、使い分けに注意しましょう。

①時点という時間を強調する

主語 ＋ 時点 ＋ 動詞 ＋ 目的語	～は～に～をする

wǒ èr yuè qù ōu zhōu lǚ yóu
我２月去欧洲旅游。 （私は２月にヨーロッパへ旅行に行きます）

wǒ míngnián qù zhōng guó liú xué
我明年去中国留学。 （私は来年中国へ留学に行きます）

②時点より動詞を強調する

時点 ＋ 主語 ＋ 動詞 ＋ 目的語	～は～に～をする

míngnián wǒ qù zhōng guó liú xué
明年我去中国留学。 （私は来年、中国へ留学に行きます）

　１つの文の中に時点が２つ以上ある場合には、大きな時間のほうから順に並べます。以下は、「天」＞「点」です。

wǒ měi tiān liǎngdiǎn xué hàn yǔ
我每天两点学汉语。 （私は毎日２時に中国語を勉強します）

また、２つの時点をばらして並べることもできます。

měi tiān wǒ liǎngdiǎn xué hàn yǔ
每天我两点学汉语。 （私は毎日２時に中国語を勉強します）

時間量の語順

| 主語 + 動詞 + 時間量 + 目的語 | ～は～にわたって～をする |

wǒ xué liǎng ge xiǎo shí hàn yǔ
我学两个小时汉语。 （私は2時間、中国語を勉強します）

wǒ qù zhōng guó liú xué le yì nián
我去中国留学了一年。 （私は中国へ1年間留学しました）

時点と時間量を一緒に使う場合

| 主語 + 時点 + 動詞 + 時間量 + 目的語 | ～は～に～にわたって～をする |

wǒ měi tiān xué liǎng ge xiǎo shí hàn yǔ
我每天学两个小时汉语。 （私は毎日2時間、中国語を勉強します）

重要表現

● 「负责 + 仕事や業務の内容」 ～を担当する

tián zhōng fù zé xiāo shòu
田中负责销售。 （田中さんは営業を担当しています）

● **销售** xiāo shòu 営業、販売

- -

● 喜欢 好きである、気に入る

| 主語 + 喜欢 + 人・物・場所等 |

wǒ xǐ huan tā
我喜欢她。 （私は彼女が好きです）

tā xǐ huan zhè ge míng páir
她喜欢这个名牌儿。 （彼女はこのブランドが好きです）

● **这个名牌儿** zhè ge míng páir このブランド

時刻の言い方

　「何時何分何秒」の言い方は日本語とそっくりです。しかし、中国語には「一刻」という独特の言い方があります。「一刻」は15分を表します。一刻＝15分、三刻＝45分。二刻という言い方はありません。

liǎngdiǎn shí wǔ fēn sān shí miǎo
两 点 十 五 分 三 十 秒

liǎngdiǎn yí kè sān shí miǎo
两 点 一 刻 三 十 秒

2時15分30秒

wǔ diǎn bàn
五 点 半　5時半

liù diǎn sān kè
六 点 三 刻　　6時45分

　時間を言う場合、「二」はすべて「两」を使います。

liǎng diǎn liǎng fēn
两 点 两 分　　2時2分

第3章

UNIT
11 時点と時間量

1 次のピンインを中国語の簡体字に書き直し、日本語に訳してみましょう。

① zài yì jiā mào yì gōng sī gōng zuò

_____

② qù zhōng guó liú xué le liǎng nián

_____

③ fù zé gēn zhōng guó de yè wù

_____

2 次の中国語の単語を正しい語順で並べ、また日本語に訳してみましょう。

① 早上　毎天　她　九点　上班

_____

② 大约　坐　要　一个小时　地铁

_____

③ 一点儿　学　在　汉语　大学　我　过

_____

3 次の日本語の文を中国語に訳してみましょう。

① 私は毎日、仕事が非常に忙しいです。

_____

② お昼に１時間休みます。

_____

③ 彼は今の仕事がとても好きです。

_____

1

① **在一家贸易公司工作。** 貿易会社で働いています。

② **去中国留学了两年。** 中国へ２年間留学しました。

③ **负责跟中国的业务。** 中国との業務を担当しています。

2

① **她每天早上九点上班。**

彼女は毎日朝９時に仕事に行きます。

> ＊「毎天」「早上」「九点」はすべて時点を表す時間なので、動詞の前に置きます。また、２つ以上ある場合には、大きな時間から順に並べます。

② **坐地铁大约要一个小时。**

地下鉄に乗ってだいたい１時間くらいかかります。

> ＊「坐地铁」は手段・方式を表します。「一个小时」は時間量なので、動詞の後に置きます。

③ **我在大学学过一点儿汉语。**

私は大学で中国語を少し勉強したことがあります。

> ＊「过」は動詞の後に置き、かつての経験を表します。「一点儿」は動詞の後に置き、普通もしくはプラスのニュアンスを加える場合に使います。

3

① **我每天工作非常忙。**

② **中午休息一个小时。**

③ **他非常喜欢现在的工作。**

> ＊「喜欢」の後ろは人や物、場所などとなります。

主述述語文

証券会社で働く

証券会社で働く張さんは大学では金融を専攻。仕事に打ち込み、昇級試験に合格しました。主述述語文や程度補語「得」が組み込まれた文章です。

CD 34

zhāng lì mín zài dà xué xué jīn róng zhuān yè
张力民在大学学金融专业，

bì yè hòu zài yì jiā zhèng quàn gōng sī gōng zuò
毕业后在一家证券公司工作。

zhè jiā zhèng quàn gōng sī shì zhōng děng guī mó de gōng sī
这家证券公司是中等规模的公司，

gòng yǒu sān bǎi míng zhí gōng
共有三百名职工。

zhāng lì mín zài zhèr gōng zuò yǐ jīng kuài wǔ nián le
张力民在这儿工作已经快5年了。

tā gōng zuò hěn nǔ lì yòu hěn qín fèn
他工作很努力，又很勤奋。

kě yǐ shuō yǐ jīng zhǎng wò le jī běn yè wù
可以说已经掌握了基本业务。

shàng ge yuè tā tōng guò le gōng sī de shēng jí kǎo shì
上个月他通过了公司的升级考试。

tā shuō tā měi tiān shēng huó de hěn chōng shí
他说他每天生活得很充实。

✔ 学習のポイント

◎ 主述述語文の用法

◎ 程度補語「得」の使い方

◎ 指示代詞を使う「この〜」「あの〜」の用法

張力民さんは大学で金融を専攻していました。

卒業後、証券会社で働いています。

この証券会社は中堅規模の会社で、全部で300人の社員がいます。

張力民さんはここで5年近く働いています。

彼は仕事をとても頑張っていて、その上とても勤勉です。

すでに基本的な業務に習熟していると言えます。

先月、彼は会社の昇級試験に合格しました。

彼は毎日の生活がとても充実していると話しています。

本文単語

□ **金融** jīn róng　金融

□ **证券** zhèng quàn　証券

□ **规模** guī mó　規模

□ **名** míng　定員を数える　＊量詞

□ **快〜了** kuài 〜 le　もうすぐ〜だ

□ **勤奋** qín fèn　勤勉である　＊形容詞

□ **掌握** zhǎng wò　把握している

□ **通过** tōng guò　通過する、試験に合格する

□ **生活** shēng huó　生活、生活をする

□ **充实** chōng shí　充実している

□ **专业** zhuān yè　専攻、専門

□ **中等** zhōng děng　中等レベル

□ **共** gòng　合計

□ **职工** zhí gōng　職員

□ **努力** nǔ lì　努力する　＊形容詞

□ **可以说** kě yǐ shuō　〜と言える

□ **基本** jī běn　基本的な

□ **升级** shēng jí　昇級、レベルアップ

□ **得** de　動作の様態などを表す　＊程度補語

CD 36

公式 34 主述述語文

主述述語文は「主語 + 述語」という形が述語となる文のことです。「主語 + 述語」の述語は形容詞が多いです。肯定形、否定形、疑問形ともに形容詞述語文とまったく同じです。

他　工作　很努力。（彼は仕事を頑張っています）

主語(大)　主語(小)　　　述語
主語　　　　　　述語

主述述語文の特徴

最初は大きい主語、次は小さい主語、小さい主語は大きい主語の一部になっている——これが主述述語文の特徴であり、主述述語文にできるかどうかを判断する基準の1つでもあります。「仕事」は「彼」の生活の一部であり、つまり、大小の関係になっています（「彼」＞「仕事」）。

「他的工作很努力」も正しい言い方ですが、これは主述述語文ではなく、形容詞述語文になります。以下の例文をよく見て主述述語文の特徴を理解しましょう。

zhè li fēng jǐng hěn měi
这里风景很美。
（ここは景色がすばらしいです）　ここ＞景色

● 风景 fēng jǐng　景色、風景
● 美 měi　美しい、きれいである　＊形容詞

hàn yǔ yǔ fǎ bù nán
汉语语法不难。
（中国語は文法が難しくありません）　中国語＞文法

● 语法 yǔ fǎ　文法
● 难 nán　難しい　＊形容詞

nǐ shēn tǐ hǎo ma
你身体好吗？
（お元気ですか）　あなた＞身体

● 身体 shēn tǐ　身体、体

程度補語「得」の使い方

　程度補語の「得」は、動作の行われ方や動作の状態などを具体的に説明するときに使います。

目的語がない場合

主語 ＋ 動詞 ＋ 得 ＋ 形容詞

tā　xiě　de　hěn　hǎo
他 写 得 很 好 。 （彼は上手に書きます）

＊肯定文は形容詞の前に「很」を付けます。

tā　xiě　de　bù　hǎo
他 写 得 不 好 。 （彼は上手に書けません）

＊否定文は形容詞の前に「不」を付けます。

tā　xiě　de　hǎo　ma
他 写 得 好 吗 ？ （彼は上手に書けますか）

＊疑問文は文末に「吗」を付けます。

目的語がある場合

　2通りあります。まったく同じ意味で、同じように使うことができます。

① | 主語 ＋ 動詞 ＋ 目的語 ＋ 動詞 ＋ 得 ＋ 形容詞 |
|---|

tā　xiě　zì　xiě　de　hěn　hǎo
他 写 字 写 得 很 好 。 （彼は字が上手に書けます）

② | 主語 ＋ 目的語 ＋ 動詞 ＋ 得 ＋ 形容詞 |
|---|

tā　zì　xiě　de　hěn　hǎo
他 字 写 得 很 好 。 （彼は字が上手に書けます）

＊目的語の有無に関係なく、否定と疑問の形は同じです。

程度補語「得」の使い方の少し難しいところは、これといった訳し方がないことと、どういう場合に使うかなかなかつかみにくいことです。次の５つの例文を日本語の訳と一緒に吟味して、使い方のコツを理解しましょう。

tā zhǎng de hěn shuài
他长得很帅。 （彼はイケメンです）

- **长** zhǎng　成長する　＊体形や容姿に使う。
- **帅** shuài　カッコいい　＊形容詞。男性に使うことが多い。

tā zhǎng de hěn piàoliang
她长得很漂亮。 （彼女は美人です）

yǔ xià de hěn dà
雨下得很大。 （大雨が降っています）

tā zuò cài zuò de hěn hǎo chī
她做菜做得很好吃。 （彼女は料理が上手です）

- **菜** cài　料理、野菜
- **好吃** hǎo chī　美味しい　＊形容詞

wǒ men liáor de hěn kāi xīn
我们聊儿得很开心。 （私たちは楽しくおしゃべりしています）

- **聊儿** liáor　おしゃべりをする、世間話をする
- **开心** kāi xīn　愉快である、楽しい　＊形容詞

 公式36 「この〜」「あの〜」の使い方 ....

　日本語の「この人」「あの会社」の「この〜」「あの〜」には中国語では量詞を使います。目的語にはこの形を使います。

| 指示代詞 ＋ 量詞 ＋ 名詞 |

zhè ge rén
这个人 （この人）

nà jiā gōng sī
那家公司 （あの会社）

zhè ge rén zài nà jiā gōng sī gōng zuò
这个人在那家公司工作。 （この人はあの会社で働いています）

＊注意：これは中国語特有の表現で、間違いやすいので注意しましょう。

● **快〜了　もうすぐ〜だ**

　近いうちにある動作が行われたり、ある現象が現れたりすることを表します。

> 快 + 時間・季節など + 了　　もうすぐ〜だ、まもなく〜だ

kuài liǎng diǎn　le
快 两 点 了 。（まもなく２時になります）

kuài chūn jié　le
快 春 节 了 。（もうすぐお正月になります）

● **又　その上、また〜でもある**

　いくつかの動作や状態の付加や並列を表します。「又」は２つ目以後の事項に使うことが多いです。

tā hěn cōngming　yòu hěn nǔ　lì
他 很 聪 明 , 又 很 努 力 。（彼は聪明で、その上努力家です）

●**聪明** cōng ming　聪明である、賢い　＊形容詞

●**「可以说 + フレーズ」　〜と言えるだろう、〜と言ってもいい**

kě　yǐ shuō tā　fēi cháng xǐ huan rì　běn
可 以 说 他 非 常 喜 欢 日 本 。
（彼は日本が大好きだと言えるでしょう）

1 次のピンインを中国語の簡体字に書き直し、日本語に訳してみましょう。

① zài dà xué xué jīn róng zhuān yè

_____

② shì zhōng děng guī mó de gōng sī

_____

③ tōng guò le gōng sī de shēng jí kǎo shì

_____

2 次の中国語の単語を正しい語順で並べ、また日本語に訳してみましょう。

① 每天　得　充实　很　他　生活

_____

② 工作　快　五年　他　在　了　这儿　已经

_____

③ 好吃　做　她　很　菜　得　做

_____

3 次の日本語の文を中国語に訳してみましょう。

① 彼は仕事が忙しいです。

_____

② 彼女は美人です。

_____

③ 私はこの会社で働いています。

_____

1

①**在大学学金融专业。** 　　大学で金融を専攻していました。

②**是中等规模的公司。** 　　中堅規模の会社です。

③**通过了公司的升级考试。** 　会社の昇級試験に合格しました。

2

①**他每天生活得很充实。**　彼は毎日充実しています。

②**他在这儿工作已经快五年了。**
　　ここで働き始めてもうすぐ5年になります。

③**她做菜做得很好吃。**　　彼女は料理が上手です。

　＊目的語がある場合は、動詞を1回使う・2回使うという、2通りの言い方があります。語順を覚えましょう。

3

①**他工作很忙。**

　＊主述述語文です。「他」は大きい主語、「工作」は小さい主語で、小さい主語が大きい主語の一部となっています。

②**她长得很漂亮。**

　＊「得」は程度補語です。人の容姿を褒めるときはこの言い方が主流です。「她是美人」のような言い方はあまりしません。

③**我在这家公司工作。**

　＊日本語の「この～」「あの～」は「指示代詞 + 量詞 + 名詞」の形となり、必ず量詞を使います。これは中国語特有の言い方です。慣れておくようにしましょう。

使役文

冬冬は小学校に入学した

冬冬君が小学校に入学する一日を描いた文章です。使役文が組み込まれています。「形容詞 + 的 + 名詞」の用法、「往」「又～又～」などの表現も身につけましょう。

dōng dong shàng xiǎo xué le   jīn tiān shì kāi xué de dì yī tiān
冬冬上小学了。今天是开学的第一天。

tā chī wán zǎo fàn bēi zhe xīn shū bāo jiù wǎng xué xiào zǒu
他吃完早饭背着新书包就往学校走。

xué xiào hěn dà   tā hǎo bu róng yì cái zhǎo dào le zì jǐ de jiào shì
学校很大,他好不容易才找到了自己的教室。

tā zuò zài zì jǐ de zuò wèi shang yòu gāo xìng yòu jǐn zhāng
他坐在自己的座位上,又高兴又紧张。

bān zhǔ rèn xìng lǐ   shì yí wèi niánqīng de nǚ lǎo shī
班主任姓李,是一位年轻的女老师。

lǐ lǎo shī jiāo dōngdong tā men yǔ wén   suàn shù hé yīn yuè
李老师教冬冬他们语文,算术和音乐。

lǐ lǎo shī ràng tā men hǎo hāor xué xí   hǎo hāor duàn liàn shēn tǐ
李老师让他们好好儿学习,好好儿锻炼身体。

✓ 学習のポイント

◎「形容詞 + 的 + 名詞」の用法

◎ 使役文：[人 + 让（叫）+ 人 + 動詞 + 目的語]

冬冬君は小学校に上がりました。今日は学校が始まる初日です。

彼は朝ご飯を食べ終え、新しいランドセルを背負って学校に向かいました。

学校は大きくて、彼はやっと自分の教室を見つけました。

彼は自分の席に座って、嬉しくもあり、緊張もしています。

担任の先生は李と言って、若い女性の先生です。

李先生は冬冬たちに国語、算数と音楽を教えてくれます。

李先生は彼らによく勉強し、よく体を鍛えるようにと言いました。

本文単語

□ **上** shàng （幼稚園や学校に）上がる

□ **小学** xiǎo xué　小学校

□ **开学** kāi xué　学校が始まる

□ **第一天** dì yī tiān　初日、最初の日

□ **背** bēi　背負う

□ **书包** shū bāo　ランドセル

□ **往** wǎng　〜に向けて

□ **好不容易才** hǎo bu róng yì cái　やっとのことで

□ **找** zhǎo　探す、見つける

□ **教室** jiào shì　教室

□ **座位** zuò wèi　席

□ **又〜又〜** yòu 〜 yòu 〜　〜でもあり、また〜でもある

□ **紧张** jǐn zhāng　緊張する　＊形容詞

□ **班主任** bān zhǔ rèn　担任の先生

□ **年轻** nián qīng　若い　＊形容詞

□ **女** nǚ　女性

□ **老师** lǎo shī　（学校の）先生

□ **教** jiāo　教える、伝授する

□ **语文** yǔ wén　国語

□ **算术** suàn shù　算数

□ **音乐** yīn yuè　音楽

□ **让** ràng　使役を表す

□ **好好儿** hǎo hāor　よく、きちんと

□ **锻炼** duàn liàn　鍛える

□ **身体** shēn tǐ　身体

CD 39

公式 37 「形容詞 ＋ 的 ＋ 名詞」の用法

「形容詞 ＋ 的」が後ろにある名詞を修飾し、その全体を名詞として使います。

niánqīng de nǚ lǎo shī
年轻的女老师（若い女性の先生）

「形容詞 ＋ 名詞」という形もよくあります。

xīn shū bāo
新书包（新しいランドセル）

公式 38 使役文

使役文とは、ある人が別の人に何かをさせる文のことです。よく使われる使役を表す言葉には「让 ràng」「叫 jiào」などがあります。

| 人 ＋ 让(叫) ＋ 人 ＋ 動詞 ＋ 目的語 | ～が～に～をさせる

wǒ ràng tā qù mǎi dōng xi
我让他去买东西。（私は彼を買い物に行かせます）

wǒ bú ràng tā qù mǎi dōng xi
我不让他去买东西。（私は彼を買い物に行かせません）

wǒ méi yǒu ràng tā qù mǎi dōng xi
我没有让他去买东西。（私は彼を買い物に行かせませんでした）
＊否定文は「让」「叫」の前に「不」か「没有」を付けます。

nǐ ràng tā qù mǎi dōng xi le ma
你让他去买东西了吗？（あなたは彼を買い物に行かせましたか）
＊疑問文は文末に「吗」を付けます。

● 進学の表現

幼稚園入学から大学までは次のように表現します。

shàng yòu ér yuán
上幼儿园 （幼稚園に上がる）

shàng xiǎo xué
上小学 （小学校に進学する）

shàng chū zhōng
上初中 （中学校に進学する）

shàng gāo zhōng
上高中 （高校に進学する）

shàng dà xué
上大学 （大学に進学する）

● 往　〜に向けて、〜の方向へ

動作が向かう方向を表します。

往 ＋ 場所・方向 ＋ 動詞

wǎng qián zǒu jiù dào
往前走就到。 （この先に歩いていけば着きます）

tā zhèng wǎng chāo shì zǒu ne
她正往超市走呢。 （彼女はスーパーに向かっているところです）

第3章

UNIT
13

使役文

121

● 好不容易才　やっと、やっとのことで

wǒ hǎo bu róng yì cái gàn wán
我好不容易才干完。
（私はやっと終わらせることができました）

zhè zhāngpiào wǒ hǎo bu róng yì cái mǎi dào
这张票我好不容易才买到。
（このチケットを私はやっとのことで入手しました）

●**这张票** zhè zhāng piào　このチケット

＊「不」のない「好容易才」でも意味は変わりません。

● 又〜又〜　〜でもあり、また〜でもある

| 又 ＋ 事項１ ＋ 又 ＋ 事項２ |

tā zuò fàn yòu kuài yòu hǎo chī
她做饭又快又好吃。
（彼女は食事を作るのが早くて、また美味しいです）

●**快** kuài　（時間的に）早い　＊形容詞

shū cài yòu xīn xian yòu pián yi
蔬菜又新鲜又便宜。　（野菜が新鮮で安いです）

●**蔬菜** shū cài　野菜
●**新鲜** xīn xian　新鮮な　＊形容詞
●**便宜** pián yi　安い　＊形容詞

＊形容詞の前には「很」を付けません。

● **好好儿　よく、ちゃんと、立派に、思う存分に**

　　動詞の前に置きます。発音に気をつけましょう。

ràng wǒ hǎo　hāor　xiǎngxiang
让我好好儿想想。(よく考えさせてください)

かんたん10分間エクササイズ

1 次のピンインを中国語の簡体字に書き直し、日本語に訳してみましょう。

① jīn tiān shì kāi xué de dì yī tiān

_____

② wǒ zuò zài zì jǐ de zuò wèi shang

_____

③ wǒ yòu gāo xìng yòu jǐn zhāng

_____

2 次の中国語の単語を正しい語順で並べ、また日本語に訳してみましょう。

①我们　让　学习　老师　好好儿

_____

②学校　背　新书包　着　往　走　他

_____

③年轻　老师　他　一位　是　的

_____

3 次の日本語の文を中国語に訳してみましょう。

①私は新鮮な野菜をたくさん買いました。

_____

②私は彼を買い物に行かせませんでした。

_____

③私はやっと自分の席を見つけました。

_____

1 ···

①今天是开学的第一天。　今日は学校が始まる初日です。

②我坐在自己的座位上。　私は自分の席に座っています。

③我又高兴又紧张。　私は嬉しくもあり、緊張もしています。

2 ···

①老师让我们好好儿学习。

先生は私たちによく勉強するようにと言います。

＊「让」は使役を表します。「让」の前はさせる人、「让」の後はさせられる人です。順番を覚えましょう。

②他背着新书包往学校走。

彼は新しいランドセルを背負って学校に向かいます。

＊「着」は動作の持続を表します。

③他是一位年轻的老师。　彼は若い先生です。

3 ···

①我买了很多新鲜的蔬菜。

＊「形容詞 + 的」は後ろの名詞を修飾し、その全体を名詞として使います。また、「形容詞 + 名詞」という形もよく使います。

②我没有让（叫）他去买东西。

＊使役の否定は「让」の前に「不」か「没有」を付けます。

③我好不容易才找到了自己的座位。

「把」の構文

お誕生日パーティー

お友達を招いて15歳のお誕生日パーティーを開く話です。「把」の構文をはじめ、「動詞 ＋ 的 ＋ 名詞」の用法や「请」「为」といった表現が組み込まれています。

CD 40

jīn tiān shì wǒ shí wǔ suì de shēng rì   wǒ bǎ bān shang jǐ ge yào hǎo de
今天是我15岁的生日，我把班上几个要好的

tóng xué qǐng lai   zài jiā li kāi le yí ge xiǎo pài duì
同学请来，在家里开了一个小派对。

zuó tiān mā ma qù chāo shì mǎi le hěn duō shí cái
昨天妈妈去超市买了很多食材，

hái yù dìng le yí ge dà dàn gāo
还预定了一个大蛋糕。

jīn tiān yí dà zǎo bà ba mā ma jiù zài chú fáng li zhǔn bèi
今天一大早爸爸妈妈就在厨房里准备。

shí yī diǎn   wǒ qǐng de tóng xué men dōu dào le
11点，我请的同学们都到了。

bà ba mā ma zuò le yí dà zhuō zi de cài
爸爸妈妈做了一大桌子的菜，

dà dàn gāo fàng zài zhuō zi de zhōng jiān
大蛋糕放在桌子的中间。

bà ba diǎn shang là zhú   dà jiā yì qǐ wèi wǒ chàng shēng rì gē
爸爸点上蜡烛，大家一起为我唱生日歌。

wǒ men dōu tè bié kāi xīn
我们都特别开心。

学習のポイント

◎「把」の構文：[主語 ＋ 把 ＋目的語 ＋ 動詞 ＋ 〜]
◎「请」の使い方
◎「動詞 ＋ 的 ＋ 名詞」の用法

今日は私の15歳の誕生日です。私はクラスの仲の良い

クラスメートを招いて、家で小さなパーティーを開きました。

昨日、母はスーパーへ行って、たくさんの食材を買って来て、

また大きなケーキを予約しました。

今日朝一番に父と母が台所で準備をしました。

11時に私が招待したクラスメートたちがみんな来ました。

父と母はテーブルいっぱいの料理を作り、

大きなケーキがテーブルの真ん中に置いてあります。

父はロウソクに火をつけ、みんなが私に誕生日を祝う歌を歌ってくれました。

私たちはみんなとても愉快でした。

本文単語

□ **生日** shēng rì　誕生日

□ **班上** bān shang　クラスの中

□ **要好** yào hǎo　仲の良い　＊形容詞

□ **开** kāi　開く

□ **食材** shí cái　食材、食べ物

□ **蛋糕** dàn gāo　ケーキ

□ **厨房** chú fáng　台所

□ **一大桌子** yí dà zhuō zi　テーブル一杯（に）

□ **放在** fàng zài　置いてある

□ **点上** diǎn shang　（火を）つける

□ **为** wèi　〜のために、〜に　＊動作の対象を表す。

□ **歌** gē　歌

□ **把** bǎ　〜を〜する　＊目的語を強調するときに使う

□ **几个** jǐ ge　いくつか

□ **请来** qǐng lai　来てもらう、招待する

□ **派对** pài duì　パーティー　＊発音は英語のpartyとなることも。

□ **预定** yù dìng　予約する

□ **一大早** yí dà zǎo　朝一番、明け方

□ **准备** zhǔn bèi　準備、準備をする

□ **菜** cài　料理、野菜

□ **中间** zhōng jiān　真ん中、中央

□ **蜡烛** là zhú　ロウソク

□ **唱** chàng　歌う

□ **开心** kāi xīn　愉快である、楽しい　＊形容詞

第3章

UNIT
14

「把」の構文

CD 42

公式 39 「把」の構文

　「把」は、動詞の前にある目的語に何らかの処置を加えます。また、動詞は単独では使わず、補語や完了、動詞の重ね型と一緒に使います。

| 主語 ＋ 把 ＋ 目的語 ＋ 動詞 ＋ 〜 |

〜が〜をする

wǒ bǎ yī fu xǐ le
我把衣服洗了。 （私は服を洗いました）

qǐng bǎ diàn nǎo ná guò lai
请把电脑拿过来。 （パソコンを持って来てください）

wǒ bǎ xíng li shōu shi hǎo le
我把行李收拾好了。 （私は荷物をきちんと片づけました）

bǎ zhè ge gěi wǒ kàn kan
把这个给我看看。 （これを私に見せてください）

nǐ bǎ yī fu xǐ le ma
你把衣服洗了吗? （あなたは服を洗いましたか）

méi xǐ
没洗。 （洗いませんでした）

＊疑問文は文末に「吗」を付けます。

＊「把」を使う否定文はあまり使いません。

「把」を使う文と使わない文の違い

　「把」を使う文も使わない文も、日本語の訳はほぼ同じですが、次のようなニュアンスの違いがあります。

wǒ xiě wán zuò yè le
我写完作业了。 （私は宿題を書き終えました）

● **写完** xiě wán　書き終える
● **作业** zuò yè　宿題、課題

＊重点はあくまでも「写完了」で、その対象である宿題に焦点は当たりません。

wǒ bǎ zuò yè xiě wán le
我把作业写完了。(私は宿題を書き終えました)
＊書き終えたのは「宿題」だと目的語を強調します。

「把」はどんなときに使うのか

自分が「何かをする」「何かをした」「相手に何かを頼む」など、その「何か」を強調したいときが「把」の出番です。実際に日常生活ではこうした場面で意外に多く使われるので、積極的に「把」を使ってみましょう。

「把」を使って質問された場合、その質問に沿って答えるように心がけましょう。

nǐ bǎ zuò yè xiě wán le ma
你把作业写完了吗？(あなたは宿題を書き終えましたか)

wǒ bǎ zuò yè xiě wán le
我把作业写完了。(私は宿題を書き終えました)

「请」の使い方

「请」は、「招待する、招へいする、おごる（お金を出す）」という意味で使います。

招待する内容を明白にしない、
または双方がその内容をわかっている場合

> 招待する側 ＋ 请 ＋ 招待される側

wǒ qǐng dà jiā
我请大家。(私はみんなを招待します)

招待する内容を明白にする場合

招待する側 + 请 + 招待される側 + 内容（動詞 + 目的語）

wǒ qǐng dà jiā lái wǒ jiā
我请大家来我家。 （私はみんなを自宅に招待します）

tā qǐng wǒ hē kā fēi
她请我喝咖啡。 （彼女は私にコーヒーをごちそうしてくれます）

招待される側と招待する内容が双方ともにわかっている場合

「我请客」という言い方をします。

jīn tiān wǒ qǐng kè
今天我请客。 （今日は私のおごりです）

公式41 「動詞 + 的 + 名詞」の用法

「動詞 + 的」は後ろにある名詞を修飾し、その全体を名詞として使います。

wǒ mǎi de diàn nǎo
我买的电脑 （私が買ったパソコン）

wǒ sòng de shēng rì lǐ wù
我送的生日礼物 （私が贈った誕生日プレゼント）

tā hěn xǐ huan wǒ sòng de shēng rì lǐ wù
她很喜欢我送的生日礼物。
（彼女は私が贈った誕生日プレゼントをとても気に入っています）

重要表現

● 一大早　明け方

後ろに「就」を一緒に使うことが多いです。

míng tiān yí dà zǎo jiù chū fā
明 天 一 大 早 就 出 发 。 （明日、明け方に出発します）

- -

● 为　～のために、～に

動作の対象を表します。

| 主語 ＋ 为 ＋ 人 ＋ 動詞 ＋ 目的語 |

　～は人のために～をする

mā ma wèi wǒ zhǔn bèi zǎo fàn
妈 妈 为 我 准 备 早 饭 。 （母は私のために朝ご飯を準備します）

1 次のピンインを中国語の簡体字に書き直し、日本語に訳してみましょう。

① jīn tiān shì wǒ de shēng rì

_____

② wǒ qǐng de tóng xué dōu lái le

_____

③ wǒ men dōu tè bié kāi xīn

_____

2 次の中国語の単語を正しい語順で並べ、また日本語に訳してみましょう。

① 班上　我　请来　要好　几个　把　同学　的

_____

② 去　买　食材　了　妈妈　超市　很多

_____

③ 厨房　一大早　妈妈　在　里　准备　就

_____

3 次の日本語の文を中国語に訳してみましょう。

① みんなが私に誕生日を祝う歌を歌ってくれます。

_____

② 大きなケーキがテーブルの真ん中に置いてあります。

_____

③ これを私に見せてください。

_____

1

①今天是我的生日。　　　今日は私の誕生日です。

②我请的同学都来了。　　　私が招待した同級生はみんな来ました。

③我们都特别开心。　　　私たちはみんなとても愉快です。

2

①我把班上几个要好的同学请来。
　私はクラスの仲のいい友達に来てもらいました。
　＊「把」は文中の動作ではなく、その前にある目的語を強調するときに使います。

②妈妈去超市买了很多食材。
　お母さんはスーパーへ行って、食材をたくさん買いました。

③一大早妈妈就在厨房里准备。
　お母さんは朝一番に台所で準備をしました。

3

①大家一起为我唱生日歌。
　＊「为」は動作の対象を表し、「〜のために、〜に」という意味です。

②大蛋糕放在桌子的中间。
　＊「放在＋場所」という形で、「〜に置く」という意味を表します。

③把这个给我看看。
　＊相手に「これ」「あれ」と言って頼むときには「把」を使うことが多いです。

第3章 UNIT 14 「把」の構文

133

助動詞の「会」と「能」

日本人の友達

大学のクラスで一緒になった日本人の友人との交流を描く文章です。助動詞の「会」「能」の使い方や「看」「跟」「对」などの表現を学びましょう。

CD 43

wǒ yǒu yí ge rì běn péng you　tā jiào líng mù xìng zǐ
我有一个日本朋友，她叫铃木幸子。

wǒ shàng dà xué èr nián jí de shí hou　tā lái zhōng guó liú xué
我上大学二年级的时候，她来中国留学，

hé wǒ yí ge bān
和我一个班。

tā néng yòng liú lì de hàn yǔ gēn lǎo shī hé tóng xué jiāo liú
她能用流利的汉语跟老师和同学交流。

wǒ men liǎng ge zuì yào hǎo　wǒ men měi tiān yì qǐ qù shàng kè
我们两个最要好。我们每天一起去上课，

yì qǐ qù shí táng chī fàn　wǎn shang yì qǐ qù tú shū guǎn xué xí
一起去食堂吃饭，晚上一起去图书馆学习，

yǒu shí hou hái yì qǐ qù guàng shāng diàn
有时候还一起去逛商店。

yì nián de shí jiān guò qu le　líng mù gāi huí guó le
一年的时间过去了，铃木该回国了。

lín zǒu shí wǒ hán zhe yǎn lèi duì tā shuō
临走时我含着眼泪对她说，

bì yè hòu wǒ yí dìng qù rì běn kàn nǐ
毕业后我一定去日本看你。

✓ 学習のポイント

◎「～できる」を表す「会」と「能」の用法とその区別

◎「看」のさまざまな意味と使い方

私には一人の日本人の友達がいます。彼女は鈴木幸子と言います。

私が大学2年生のときに、彼女は中国へ留学に来て、

私と同じクラスになりました。

彼女は流暢な中国語で、先生やクラスメートと

コミュニケーションをとることができます。

私たち二人は一番仲がいいです。私たちは毎日一緒に授業に行き、

一緒に食堂へご飯を食べに行き、夜は一緒に図書館へ勉強をしに行きます。

また一緒にお店をぶらぶらすることもあります。

1年間が過ぎ、鈴木さんはそろそろ帰国しなければなりません。

（彼女が）帰る直前、私は目に涙をためて彼女に、

卒業したらきっと日本へ会いに行くと言いました。

本文単語

□ **二年级** èr nián jí　2年生

□ **用** yòng　～を利用する、～を使う

□ **跟** gēn　～と一緒に　*動作の対象を表す。

□ **最要好** zuì yào hǎo　一番仲がいい

□ **食堂** shí táng　食堂

□ **晚上** wǎn shang　夜

□ **学习** xué xí　勉強する、学ぶ

□ **逛** guàng　ぶらぶらする

□ **过去** guò qu　過ぎる、経過する

□ **回国** huí guó　帰国する

□ **含** hán　含む

□ **对** duì　～に、～に対して

□ **能** néng　～することができる　*能力を表す。

□ **流利** liú lì　流暢な　*形容詞

□ **交流** jiāo liú　交流する、コミュニケーションをとる

□ **上课** shàng kè　授業を受ける、授業をする

□ **吃饭** chī fàn　ご飯を食べる

□ **图书馆** tú shū guǎn　図書館

□ **还** hái　また

□ **商店** shāng diàn　お店、商店

□ **该～了** gāi ～ le　そろそろ～するはずだ

□ **临走时** lín zǒu shí　帰る直前

□ **眼泪** yǎn lèi　涙

公式 42　助動詞の「会」と「能」

CD 45

どちらも能力を表し、「〜をすることができる」の意味です。

「会」は学習や訓練によって身についた能力を表します。主に言語やスポーツ、技能（機械の操作）などで、例えば自転車に乗ったり、車を運転したりする能力に使います。

| 主語 + 会 + 動詞 + 目的語 | 〜は〜をすることができる

wǒ huì shuō hàn yǔ
我会说汉语。 （私は中国語を話すことができます）

tā bú huì dǎ bàng qiú
他不会打棒球。 （彼は野球をすることができません）

●**打棒球** dǎ bàng qiú　野球をする

*否定文は「会」の前に「不」を付けます。

nǐ huì kāi chē ma
你会开车吗？ （あなたは運転することができますか）

●**开车** kāi chē　運転する

*疑問文は文末に「吗」を付けます。

「能」は身についた能力があり、その能力を発揮できる条件や環境が整っていて、何かができることを表します。

| 主語 + 能 + 動詞 + 目的語 | 〜は〜をすることができる

wǒ néng shuō hàn yǔ
我能说汉语。 （私は中国語を話すことができます）

学習や練習によって中国語という言語をマスターしたという意味を表すときには「会」を使います。マスターした中国語がどれくらいのレベルなのか、どれくらい役立つのかを表すときには「能」を使います。

wǒ néng yòng hàn yǔ jiāo liú
我能用汉语交流。 （私は中国語でコミュニケーションがとれます）

日本語での「私は運転ができません」は中国語では次の2つの言い方が可能です。

_{wǒ bú huì kāi chē}

我不会开车。（私は運転ができません）

*「开车」という能力を持っていない、つまり免許を持っていないという意味を表します。

_{wǒ bù néng kāi chē}

我不能开车。（私は運転ができません）

*「开车」という能力を持っている、つまり免許を持っているが、その能力が発揮できる条件や環境が整っていないという意味です。例えば、飲酒したので「運転ができない」など。

*どちらも日本語訳は同じですが、中国語で表している意味は異なるので、きちんと区別する必要があります。

重要表現

● 「跟 + 人 + 〜」 （共に行動する）人と一緒に、〜と共に

後ろに「一起」を一緒に使うことが多いです。

| 主語 + 跟 + 人 + 一起 + 動詞 + 目的語 | 〜は人と一緒に〜をする

_{wǒ gēn tóng xué yì qǐ qù chī wǔ fàn}

我跟同学一起去吃午饭。
（私はクラスメートと一緒にランチを食べに行きます）

● **午饭** wǔ fàn ランチ、昼ご飯

● 逛　ぶらぶらする

　「逛」は町やデパートなどを「ぶらぶらして、ゆっくり見て回る」という意味です。単独で使うことはあまりありません。

　| 逛 + 場所 |　～をぶらぶらする

guàng jiē
逛 街　（町をぶらぶらする）

＊「買い物をする」という意味としても使います。

guàngshāng diàn
逛 商 店　（お店をぶらぶらする）

＊何かを買う予定はないが、気に入ったものがあったら買うくらいの意味です。

guàngguang
逛 逛　（ぶらぶらする）

＊場所を明白にしない場合は重ね型で使います。

● 该 ～ 了　そろそろ～だ

　| 该 + 動詞 + 了 |

wǒ gāi zǒu le
我 该 走 了 。　（私はそろそろ行かないといけません）

tā gāi huí lai le
他 该 回 来 了 。　（彼はそろそろ帰って来ます）

●「フレーズ + 时」　～のとき

　「～的时候」と同じ意味です。

lín zǒu shí tā kū le
临 走 时 她 哭 了 。　（帰るとき彼女は泣きました）

● 哭 kū　泣く

138

● 対 ～に向かって

動作の対象を表します。

| 主語 ＋ 対 ＋ 人 ＋ 動詞 |　～は人に向かって～をする

tā　duì　wǒ shuō le
他 对 我 说 了 。（彼は私に話してくれました）

● 「看」の使い方

中国語の「看」にはさまざまな意味と用法があります。

書物などを読む

kàn shū
看 书（本を読む）

テレビや映画、スポーツの試合などを見る

kàn diànyǐng
看 电 影（映画を見る）

医者に病気を診てもらう

kàn bìng
看 病（病気を診てもらう）

病人を見舞う

kàn bìng rén
看 病 人（病人を見舞う）

人を訪問する、人に会う

| 看 ＋ 人 |　～に会う

wǒ　qù kàn　nǐ
我 去 看 你 。（私はあなたに会いに行く）

1 次のピンインを中国語の簡体字に書き直し、日本語に訳してみましょう。

① wǒ yǒu yí ge rì běn péng you

_____

② wǒ men liǎng ge zuì yào hǎo

_____

③ wǒ men měi tiān yì qǐ qù shàng kè

_____

2 次の中国語の単語を正しい語順で並べ、また日本語に訳してみましょう。

① 用　她　汉语　流利　能　的　交流

_____

② 商店　逛　有时候　一起　还

_____

③ 一起　我　同学　跟　午饭　吃　去

_____

3 次の日本語の文を中国語に訳してみましょう。

① 私は中国語を話すことができます。

_____

② 彼女はそろそろ帰国します。

_____

③ 卒業後、必ず日本へあなたに会いに行くと私は言いました。

_____

1

① 我 有 一 个 日 本 朋 友　　　私は1人の日本人の友達がいます。

② 我 们 两 个 最 要 好 。　　　私たち2人は一番仲がいいです。

③ 我 们 每 天 一 起 去 上 课 。　　　私たちは毎日一緒に授業に行きます。

2

① 她 能 用 流 利 的 汉 语 交 流 。

彼女は流暢な中国語でコミュニケーションがとれます。

＊「能」は身についた能力があり、その能力を発揮できる条件や環境が整っ
ていることを表します。つまり、実際に流暢な中国語でコミュニケーショ
ンをとれるということです。

② 有 时 候 还 一 起 逛 商 店 。

一緒にお店をぶらぶらすることもあります。

③ 我 跟 同 学 一 起 去 吃 午 饭 。

私はクラスメートと一緒にランチを食べに行きます。

＊「跟」は「（共に行動する人）と一緒に」という意味を表します。後ろに「一
起」を一緒に使うことが多いです。

3

① 我 会 说 汉 语 。

＊助動詞の「会」は学習や訓練によって身についた能力を表します。主に言
語やスポーツ、技能（機械の操作）などに使います。

② 她 该 回 国 了 。

＊「该～了」の間に動詞を入れます。

③ 我 说 毕 业 后 一 定 去 日 本 看 你 。

＊「看」は「人を訪問する、訪ねる」という意味もあります。

よく使う量詞 BEST 15

个 gè （人や物。最も広く使用される）
＊軽声として使うことが多い。
yí ge xuésheng
一个学生 1人の学生
liǎng ge miànbāo
两个面包 2つのパン

位 wèi （お客さんや年配の人など）
yí wèi kè ren
一位客人 1人のお客さん

杯 bēi （カップに入っている）
yì bēi huāchá
一杯花茶 1杯のジャスミン茶

瓶 píng （瓶に入っている）
liǎngpíng pí jiǔ
两瓶啤酒 2本のビール

本 běn （本、雑誌など）
yì běnxiǎoshuō
一本小说 1冊の小説

台 tái （電気製品などの機器）
sān tái diànnǎo
三台电脑 3台のパソコン

支 zhī （棒状の物）
yì zhīyuánzhū bǐ
一支圆珠笔 1本のボールペン

张 zhāng （紙や皮など平らなもの）
liǎngzhāng jī piào
两张机票 2枚の航空券
yì zhāngzhuō zi
一张桌子 1卓のテーブル

件 jiàn （衣類の上着、用件）
yí jiànmáo yī
一件毛衣 1枚のセーター

条 tiáo （細長いもの。ズボン、スカート、マフラーなど）
liǎngtiáo kù zi
两条裤子 2本のズボン
sāntiáowéi jīn
三条围巾 3本のマフラー

把 bǎ （傘、椅子、扇子など）
liǎng bǎ yǐ zi
两把椅子 2脚の椅子

辆 liàng （車などの乗り物）
yí liàng qì chē
一辆汽车 1台の乗用車

盘 pán （皿に盛った物）
yì pánjiǎo zi
一盘饺子 1皿のギョウザ

碗 wǎn （茶碗に盛った物）
sānwǎnhúntun
三碗馄饨 3杯のワンタン

家 jiā （会社や店など）
yì jiā mào yì gōng sī
一家贸易公司
1社の貿易会社

[文法応用編]

第4章

「受け身」と「離合詞」が大きなテーマです。
「照」「刚」「オ」など重要表現の使い方も身につけましょう。

「太 + 形容詞」「怎么样」の使い方

明明ちゃんと東方新天地にお出かけ

東方新天地にお出かけしてショッピング。休日の過ごし方を描いた文章です。
「太 + 形容詞」「怎么样」「陪」「让」などの使い方を学びましょう。

jīn tiān kāi shǐ sān lián xiū　míng míng ràng wǒ péi tā qù
今天开始三连休，明明让我陪她去

dōng fāng xīn tiān dì mǎi yī fu　wǒ dā ying le
东方新天地买衣服。我答应了。

wǒ men yì lái dào dōng fāng xīn tiān dì
我们一来到东方新天地，

jiù kàn dào dào chù dōu shì rén
就看到到处都是人。

yīn wèi shì jià qī　wài dì de yóu kè yě lái gòu wù
因为是假期，外地的游客也来购物。

mǎi yī fu xū yào zǐ xì tiāo xuǎn　kě shì rén tài duō le
买衣服需要仔细挑选，可是人太多了。

míng míng shuō　méi xiǎng dào rén zhè me duō
明明说，没想到人这么多，

wǒ kàn gǎi tiān zài lái ba
我看改天再来吧。

wǒ men qù kā fēi tīng　wǒ qǐng nǐ hē kā fēi chī dàn gāo　zěn me yàng
我们去咖啡厅，我请你喝咖啡吃蛋糕，怎么样？

yú shì　wǒ men jiù lí kāi le nà li
于是，我们就离开了那里。

学習のポイント

◎「太 ＋ 形容詞」の用法
◎「怎么样」（いかが？、どう？）を使いこなす

今日から3連休です。明明ちゃんから東方新天地（北京のショッピングモール）へ
洋服を買いに行くのに付き合ってほしいと頼まれました。私は同意しました。
私たちは東方新天地に着いて、
至るところにたくさんの人々を見かけました。
休み期間中なので、地方からの観光客も買い物に来ているからです。
洋服を買うには綿密に選ぶ必要がありますが、人があまりにも多すぎました。
明明ちゃんが言いました。こんなに人がいるとは思わなかった。
日を改めてまた来たほうがいいと思うわ。
喫茶店に行きましょう。コーヒーとケーキをご馳走してあげるから。どう？
それで、私たちはそこを離れました。

本文単語

□ **开始** kāi shǐ　始まる、始める
□ **陪** péi　お供をする、付き添う
□ **答应** dā ying　承諾する
□ **到处都是** dào chù dōu shì　至るところに
□ **游客** yóu kè　観光客
□ **需要** xū yào　必要である
□ **挑选** tiāo xuǎn　選ぶ、選択する
□ **没想到** méi xiǎng dào　～とは思わなかった
□ **我看** wǒ kàn　～と私は思う
□ **咖啡厅** kā fēi tīng　喫茶店
□ **离开** lí kāi　離れる

□ **三连休** sān lián xiū　3連休
□ **衣服** yī fu　衣服
□ **一～就** yī ～ jiù　～をしたら～をする
□ **外地** wài dì　地方
□ **购物** gòu wù　買い物をする
□ **仔细** zǐ xì　綿密に、詳細に
□ **太** tài　普通を超えている程度を表す
□ **这么** zhè me　こんなに、そんなに
□ **改天** gǎi tiān　日を改める
□ **怎么样** zěn me yàng　いかが?、どう?

「太＋形容詞」の用法

「太 + 形容詞」は「すごく〜だ、あまりにも〜だ」の意味で、程度が普通を超えていることを表します。

zhè jiàn yī fu tài guì
这件衣服太贵。（この洋服は高すぎます）

●**贵** guì （値段が）高い　＊形容詞

文末に「了」を伴うことが多いです。

zhè jiàn yī fu tài guì le
这件衣服太贵了。（この洋服は高すぎます）

zhè jiàn yī fu bú tài guì
这件衣服不太贵。（この洋服はあまり高くありません）

＊否定文は「太」の前に「不」を付け、「了」を伴いません。

 「怎么样」の用法

「怎么样」は「いかが？、どう？」の意味で、相手の感想や意見、意向などをたずねるときに使います。

名詞（人物、物、風景、物事など）＋ 怎么样？

jīn tiān tiān qì zěn me yàng
今天天气怎么样？（今日の天気はどうですか）

●**天气** tiān qì 天気、気候

zhè jiā kā fēi tīng zěn me yàng
这家咖啡厅怎么样？（この喫茶店はいかがですか）

> **文（自分の考えや意見、意向など）+ 怎么样？**

　自分の考え、意見、意向などを相手に伝え、相手の感想、意見、意向などをたずねる言い方です。

wǒ péi nǐ yì qǐ qù　zěn me yàng
我 陪 你 一 起 去 , 怎 么 样？
（あなたにお供をして行くのはどうですか）

xiān hē kā fēi　rán hòu qù kàn diàn yǐng　zěn me yàng
先 喝 咖 啡 , 然 后 去 看 电 影 , 怎 么 样？
（先にコーヒーを飲んで、その後映画を見るのはいかがですか）

●**看电影** kàn diàn yǐng　映画を見る

重要表現

● **陪　お供をする、付き添う**

> **A + 陪 + B**　　AはBと一緒にいる

wǒ péi nǐ
我 陪 你 。　（私が一緒にいてあげます）

> **A + 陪 + B + 動詞 + 目的語**　　AはBが〜をすることにお供をする

nǐ péi wǒ qù ba
你 陪 我 去 吧 。　（一緒に行ってくれませんか）

wǒ péi kè ren cān guān jiē dào
我 陪 客 人 参 观 街 道 。
（私はお客さんが町の見学をするお供をします）

●**参观** cān guān　見学をする
●**街道** jiē dào　町、街道

147

●「A ＋ 让 ＋ B ＋ 動詞 ＋ A ＋ 動詞 ＋ 目的語」
　A は B に A のために〜をしてもらう

kè ren ràng wǒ péi tā　　　　cān guān jiē dào
客人让我陪他（＝客人）参观街道。
（お客さんは私に町を見学するのに付き合ってもらいます）

míng ming ràng wǒ bāng tā　　　mǎi piào
明明让我帮她（＝明明）买票。
（明明は私に切符を買うのを手伝ってもらいます）　●帮 bāng　手伝う、助ける
　　　　　　　　　　　　　　　　　　　　　　　●票 piào　切符、チケット

　＊注意：主語の人物が 2 回出て来ます。2 回目は人称代詞になります。

●「没想到 ＋ フレーズ」　〜とは思わなかった

méi xiǎng dào shì nǐ
没想到是你。（あなただとは思いませんでした）

méi xiǎng dào tā yǐ jīng lái le
没想到她已经来了。
（彼女がすでに来ているとは思いませんでした）

●「这么 ＋ 形容詞」　こんなに〜

jīn tiān tiān qì zěn me zhè me rè
今天天气怎么这么热。（今日はどうしてこんなに暑いのかしら）
　　　　　　　　　　　●怎么 zěn me　なぜ、どうして
méi xiǎng dào nǐ zhè me zǎo jiù lái le
没想到你这么早就来了。
（あなたがこんなに早く来ているとは思いませんでした）

● 「我看 ＋ フレーズ」 〜と私は思う

自分の意見や意向などを述べるときに使います。

wǒ kàn míng tiān qù ba
我 看 明 天 去 吧 。 （行くには明日がいいと私は思います）

wǒ kàn ràng tā péi wǒ qù ba
我 看 让 她 陪 我 去 吧 。
（彼女に一緒に行ってもらいたいと私は思っています）

● 「改天再 ＋ フレーズ」 日を改めてまた〜する

gǎi tiān zài gěi nǐ dǎ diàn huà
改 天 再 给 你 打 电 话 。 （日を改めてまたあなたに電話をします）

● **打电话** dǎ diàn huà　電話をかける

gǎi tiān zài qù bài fǎng nǐ
改 天 再 去 拜 访 你 。 （日を改めてごあいさつにうかがいます）

● **拜访** bài fǎng　あいさつにうかがう

1 次のピンインを中国語の簡体字に書き直し、日本語に訳してみましょう。

① jīn tiān kāi shǐ sān lián xiū

_____

② wǒ qǐng nǐ hē kā fēi chī dàn gāo

_____

③ méi xiǎng dào rén zhè me duō

_____

2 次の中国語の単語を正しい語順で並べ、また日本語に訳してみましょう。

① 到处都是　看到　人　了

_____

② 游客　的　外地　来　购物

_____

③ 购物　我　陪　她　去　让　我

_____

3 次の日本語の文を中国語に訳してみましょう。

① 今日は人が多すぎます。

_____

② こんなに暑いとは思いませんでした。

_____

③ コーヒーを飲みに行くのはいかがですか。

_____

1

①**今天开始三连休。**　　今日から3連休です。

②**我请你喝咖啡吃蛋糕。**　コーヒーとケーキをご馳走します。

③**没想到人这么多。**　　こんなに人が多いとは思いませんでした。

2

①**看到了到处都是人。**

至るところにたくさんの人々を見かけました。

＊「到处都是 + 人・物など」は「至る所に〜だ」という意味を表します。

②**外地的游客来购物。**

地方からの観光客が買い物に来ています。

③**我让她陪我去购物。**

私は彼女に買い物に付き合ってもらいます。

＊主語となる人物が2回出てきます。主語が固有名詞の場合は2回目は人称代詞となります。

3

①**今天人太多。／今天人太多了。**

＊「太」は形容詞の前に置き、程度が普通を超えていることを表します。単独で使うこともできますが、文末に「了」を伴うことが多いです。

②**没想到天气这么热。**

＊「没想到 + フレーズ」は予想外であることを表します。「没想到」は必ず文頭に置きます。

③**我们去喝咖啡，怎么样？**

＊「怎么样」は自分の考えや感想、意見を述べる文の後に置いて、それについて相手の感想や意見、意向などをたずねるときに使います。

受け身の表現
勉強のアドバイス

クラスで一番成績のいい子文君から勉強の仕方を教えてもらいます。受け身の表現や「要」「照」「经过」などの使い方を学びましょう。

CD
49

zǐ wén shì wǒ de tóng bān tóng xué
子文是我的同班同学,

tā hěn cōng ming yòu fēi cháng nǔ lì
他很聪明又非常努力,

suǒ yǐ měi cì kǎo shì de chéng jì dōu shì quán bān dì yī míng
所以每次考试的成绩都是全班第一名,

jīng cháng bèi lǎo shī biǎo yáng
经常被老师表扬。

wǒ tè bié xiàn mu tā
我特别羡慕他。

tā gào su wǒ shàng kè shí yào rèn zhēn tīng lǎo shī jiǎng de huà
他告诉我,上课时要认真听老师讲的话,

bǎ zhòng yào de huà jì zài bǐ jì běn shang
把重要的话记在笔记本上。

fàng xué huí jiā hòu yí dìng yào fù xí
放学回家后一定要复习。

tīng wán tā de huà wǒ xià jué xīn zhào tā shuō de zuò
听完他的话我下决心照他说的做。

jīng guò yì xué qī de nǔ lì
经过一学期的努力,

wǒ de qī mò kǎo shì chéng jì tí gāo le
我的期末考试成绩提高了。

✓ 学習のポイント

◎ 受け身の表現：[A（される側）＋ 被 ＋ B（する側）＋ 動詞 ＋ 目的語]

◎「要」「照」「経过」の用法

子文君は私のクラスメートです。

彼は頭がよく、しっかり努力もしています。

それで毎回の試験では成績がクラスで1番で、

いつも先生に褒められます。

私は彼のことがとても羨ましいです。

彼が私に言うには、授業中には先生が話すことを注意して聞いて、

大事な話はノートに書き留めておく。

放課後、家に帰ったら必ず復習をしなければならない。

彼の話を聞き終わって、彼の言ったようにしてみようと決心しました。

1学期の間、努力したことによって、

私の期末試験の成績は上がりました。

本文単語 CD 50

□ **同班同学** tóng bān tóng xué　クラスメート

□ **每次** měi cì　毎回

□ **成绩** chéng jì　成績

□ **第一名** dì yī míng　第1位、トップ

□ **被** bèi　～される　＊受け身を表す。

□ **羨慕** xiàn mu　羨ましい

□ **要** yào　～しなければならない　＊助動詞

□ **讲** jiǎng　話す、言う

□ **记在** jì zài　～に書き留める

□ **放学** fàng xué　放課、放課後

□ **复习** fù xí　復習、復習をする

□ **照** zhào　～のとおりに、～のように

□ **经过** jīng guò　～を経て、～を通じて

□ **提高** tí gāo　高める、上がる

□ **聪明** cōng ming　聡明である、賢い　＊形容詞

□ **考试** kǎo shì　試験、試験をする

□ **全班** quán bān　全クラス

□ **经常** jīng cháng　いつも、常に

□ **表扬** biǎo yáng　褒める、評価する

□ **告诉** gào su　知らせる、教える

□ **认真** rèn zhēn　真面目である

□ **重要** zhòng yào　重要である

□ **笔记本** bǐ jì běn　ノート

□ **回家** huí jiā　家に帰る

□ **下决心** xià jué xīn　決心する

□ **做** zuò　する、やる

□ **期末** qī mò　期末

公式 45 受け身の表現
CD 51

受け身には「被」を使います。

| A(される側) ＋ 被 ＋ B(する側) ＋ 動詞 ＋ 目的語 |　AがBに〜される |

tā bèi lǎo shī pī píng le
他 被 老 师 批 评 了 。 （彼は先生に叱られました）

● **批评** pī píng　叱る

tā bèi dà jiā kàn dào le
他 被 大 家 看 到 了 。 （彼はみんなに見られました）

「する側」を省略したり、あえて明記しないこともあります。

| A(される側) ＋ 被 ＋ 動詞 ＋ 目的語 |　Aが〜される |

tā bèi sòng jìn yī yuàn le
他 被 送 进 医 院 了 。 （彼は病院に運ばれました）

● **送进** sòng jìn　送る、運ぶ
● **医院** yī yuàn　病院

zì xíng chē bèi guā dǎo le
自 行 车 被 刮 倒 了 。 （自転車は吹き倒されました）

● **自行车** zì xíng chē　自転車
● **刮倒** guā dǎo　吹き倒す

　中国語の受け身表現は被害を蒙る場合に使うことが多いです。また、受け身表現を使う頻度は日本語と比べると圧倒的に少ないと言えます。日本語では受け身の文でも中国語では受け身にしないことが多いです。次の例で比べてみましょう。

（日本語）	（中国語）
誰に言われましたか。	shéi shuō de **谁说的？**
今日、会議があると彼に言われました。	tā shuō jīn tiān kāi huì **他说今天开会。**
行かなくていいと部長に言われました。	bù zhǎng shuō wǒ bú yòng qù **部长说我不用去。**

重要表現

● 要　〜しなければならない

助動詞なので、動詞の前に置きます。

wǒ men yào rèn zhēn duì dài
我们要认真对待。 （まじめに対応しなければなりません）

●**对待** duì dài　対応する、対処する

「一定」（絶対に）の後ろに置き一緒に使うことがよくあります。意志が固いことを表します。

nǐ yí dìng yào gào su wǒ
你一定要告诉我。 （必ず私に教えてください）

● 「下決心 + フレーズ」　～と決心した

tā xià jué xīn hǎo　hāor　gōng zuò
他下决心好好儿工作。
（彼はまじめに仕事をすると決心しました）

wǒ xià jué xīn míng tiān kāi shǐ duàn liàn shēn tǐ
我下决心明天开始锻炼身体。
（私は明日から運動を始めると決心しました）

● 照　～のとおりに、～のように

zhào jì huà jìn xíng
照计划进行。　（計画どおりに進めます）

　●计划 jì huà　計画
　●进行 jìn xíng　進める、行う

● 「经过 + フレーズ」　～を経て、～を通じて、～をした結果

　ある過程や事柄などの実現を経て、変化が生じたり、目的が達成されたりすることを表します。

jīng guò dà jiā de bāng zhù
经过大家的帮助。　（みなさまのお力添えによるものです）

　●帮助 bāng zhù　力添え、助ける

jīng guò tǎo lùn　　dà jiā tǒng yī le yì jiàn
经过讨论，大家统一了意见。
（議論した結果、みんなの意見がまとまりました）

　●讨论 tǎo lùn　議論する、討論する
　●统一 tǒng yī　統一する、まとめる
　●意见 yì jiàn　意見、考え

「走」「拉」「唱」を使う

zǒu zuǐ
走嘴　うっかり言い間違えたり、秘密を漏らしたりする

zǒu guò chǎng
走过场　いいかげんにその場をごまかしたり、お茶を濁したりする

zǒu hòu mén
走后门　実力が及ばないので、コネや顔を利用する

zǒu shénr
走神儿　上の空になったり、ぼんやりしたりする

zǒu xíng shì
走形式　うわべを飾る

lā guān xi
拉关系　コネや人間関係を作ったり、それを利用したりする

lā hòu tuǐ
拉后退　邪魔をする、足を引っ張る、人の進歩を妨げる

lā xià mǎ
拉下马　人を権力や地位のある座などから引きずり下ろす

lā xià shuǐ
拉下水　人を不正行為に誘い込む、人を買収したり堕落させたりする

chàng fǎn diào
唱反调　わざと反対を唱える、わざと反対の行動を取る

chàng gāo diào
唱高调　実際にできもしないのに大きな話をする、大口をたたく

chàng duì tái xì
唱对台戏　相手に対抗する、張り合う

第4章 UNIT 17 受け身の表現

157

かんたん10分間エクササイズ

1 次のピンインを中国語の簡体字に書き直し、日本語に訳してみましょう。

① tā shì wǒ de tóng bān tóng xué

_____

② wǒ tè bié xiàn mu tā

_____

③ tā hěn cōng ming yòu fēi cháng nǔ lì

_____

2 次の中国語の文を日本語に訳してみましょう。

①每次考试的成绩都是第一名。

_____

②我下决心上课时认真听老师讲的话。

_____

③经过一个学期的努力，我的成绩提高了。

_____

3 次の日本語の文を中国語に訳してみましょう。

①彼はいつも先生に褒められます。

_____

②放課後、家に帰ったら必ず復習しなければなりません。

_____

③自転車は吹き倒されました。

_____

1

①**他 (她) 是 我 的 同 班 同 学 。**　　彼 (彼女) は私のクラスメートです。

②**我 特 别 羡 慕 他 (她) 。**　　私は彼 (彼女) がとても羨ましいです。

③**他 (她) 很 聪 明 又 非 常 努 力 。**　彼 (彼女) は頭がよく、しっかり努力も
　　　　　　　　　　　　　　　　　　　　　　　しています。

2

①毎回の試験で、成績は1番です。

②授業中に先生の話をまじめに聞くと、私は決心しました。

③1学期の間の努力によって、私の成績は上がりました。

3

①**他 经 常 被 老 师 表 扬 。**

　＊「被」は受け身の表現です。動作をされる側は「被」の前、動作をする側
　　は「被」の後、という語順を覚えましょう。

②**放 学 回 家 后 一 定 要 复 习 。**

　＊「要」は助動詞で、必ず動詞の前に置きます。「一定」の後に置くと、固い
　　意志を表します。

③**自 行 车 被 刮 倒 了 。**

　＊「被」は受け身の表現です。「動作をする側」を省略したり、明記しない
　　こともあります。

「離合詞」の使い方①

日光旅行に出かける

日本で仕事を始めて３カ月。週末に日光ツアーに参加するという文章です。１つの動詞に見えて実際は２語からできている「離合詞」の基本を学びます。

CD 52

wǒ lái rì běn gōng zuò yǐ jīng sān ge yuè le
我来日本工作已经三个月了，

shàng xīng qī zhōu mò wǒ qù rì guāng lǚ yóu le
上星期周末，我去日光旅游了。

wǒ gāng lái rì běn rì yǔ shuō de bú tài hǎo
我刚来日本，日语说得不太好，

suǒ yǐ jué dìng cān jiā lǚ yóu tuán
所以决定参加旅游团。

wǒ zài wǎng shang zhǎo dào le yí ge xīng qī liù zǎo shang chū fā
我在网上找到了一个星期六早上出发，

xīng qī tiān bàng wǎn huí lai de lǚ yóu tuán
星期天傍晚回来的旅游团。

wǒ jué de shí jiān hé jià gé dōu bǐ jiào hé shì jiù mǎ shàng bào le míng
我觉得时间和价格都比较合适，就马上报了名。

chū fā dàng tiān tiān qì qíng lǎng
出发当天天气晴朗，

wǒ tí qián shí wǔ fēn zhōng lái dào jí hé dì diǎn
我提前１５分钟来到集合地点。

zhè shì wǒ lái rì běn hòu dì yī cì lǚ yóu
这是我来日本后第一次旅游。

wǒ bǎ rì cháng shēng huó zhong de fán nǎo wàng de yì gān èr jìng
我把日常生活中的烦恼忘得一干二净，

zài rì guāng wánr le liǎng tiān
在日光玩儿了两天。

学習のポイント

◎「離合詞」の使い方①：完了の「了」、結果補語の「完」を挟む

◎ 曜日の言い方

私が日本にやって来て、仕事をするようになってからすでに３カ月経ちました。

先週末には日光へ旅行に行きました。

私は日本に来たばかりで、日本語があまり上手に話せないので、

ツアーに参加することにしました。

私はネットで、土曜日の早朝に出発し、

日曜日の夕方に戻ってくるツアーを見つけました。

時間と値段のどちらも比較的私に合っていると思い、すぐに申し込みました。

出発当日はよく晴れていて、

私は15分前に集合場所に着きました。

これは私が日本に来てから初めての旅行です。

私は日常生活での悩みをきれいさっぱり忘れ、

日光で２日間遊びました。

本文単語

□ **上星期** shàng xīng qī　先週

□ **刚** gāng　〜したばかりである

□ **参加** cān jiā　参加する

□ **网上** wǎng shang　インターネット

□ **傍晚** bàng wǎn　夕方

□ **价格** jià gé　価格、値段

□ **合适** hé shì　ぴったりである、ちょうどいい

□ **当天** dàng tiān　当日、その日

□ **晴朗** qíng lǎng　晴天、晴れ

□ **第一次** dì yī cì　第1回、初めて

□ **烦恼** fán nǎo　悩み

□ **一干二净** yì gān èr jìng　きれいさっぱり

□ **周末** zhōu mò　週末

□ **决定** jué dìng　決める、決定する

□ **旅游团** lǚ yóu tuán　ツアー

□ **出发** chū fā　出発、出発する

□ **时间** shí jiān　時間、日時

□ **比较** bǐ jiào　比較的

□ **报名** bào míng　申し込む、申請する

□ **天气** tiān qì　天気、気候

□ **提前** tí qián　前もって

□ **日常生活** rì cháng shēng huó　日常生活

□ **忘** wàng　忘れる

□ **玩儿** wánr　遊ぶ

離合詞の使い方①

　離合詞とは、2語で形成され、2語の間に何らかの語句を挟むことができる動詞のことを指します。離合動詞とも呼ばれます。

　離合詞であるかどうかを判断するのは外国人にとってなかなか難しいです。辞書では2語の間にスラッシュか三角形の記号が入っているのが離合詞です。迷ったときには、辞書を引いて確認しましょう。

　今回はまず2語の間に完了を表す「了」と結果補語「完」を挟む言い方を紹介します。

「报名 bào míng」(申し込む) は離合詞です。

通常の動詞の使い方

bào míng le
报 名 了（申し込みました）

離合詞の使い方

bào le míng
报 了 名（申し込みました）

bào wán míng le
报 完 名 了（申し込み終わりました）

＊注意：「报名完了」とは言いません。

「吃饭 chī fàn」(ご飯を食べる) は離合詞です。

通常の動詞の使い方

chī fàn le
吃 饭 了（ご飯を食べました）

離合詞の使い方

chī le fàn
吃 了 饭（ご飯を食べました）

chī wán fàn le
吃 完 饭 了（ご飯を食べ終わりました）

＊注意：「吃饭完了」とは言いません。

● 「主語 + 来 / 去 / 回 + 場所 + 動詞 + 已经 + 時間量 + 了」
ある場所に来て、～をするようになってから～が経った

時間の経過を表します。

tián zhōng lái zhōng guó liú xué yǐ jīng bàn nián le
田中来中国留学已经半年了。

（田中さんが中国へ留学に来てからすでに半年が経ちました）

● **半年** bàn nián　半年

● 刚　**～したばかりである、～して間もない**

動詞または形容詞の前に置きます。

wǒ gāng dào jiā
我刚到家。 （私は家に着いたばかりです）

tā de bìng gāng hǎo
她的病刚好。 （彼女の病気はよくなったばかりです）

● **病** bìng　病気

xiǎo lǐ gāng bǎ gōng zuò zuò wán
小李刚把工作做完。 （李さんは仕事を終えたばかりです）

● 「決定 + フレーズ」　**～することに決める**

tā jué dìng huí lǎo jiā zhǎo gōng zuò
她决定回老家找工作。

（彼女は故郷に帰り、仕事を探すことに決めました）

● **回老家** huí lǎo jiā　故郷に帰る
● **找工作** zhǎo gōng zuò　仕事を探す

wǒ jué dìng péi tā yì qǐ qù gòu wù
我决定陪她一起去购物。

（私は彼女の買い物に付き合うことに決めました）

第4章 UNIT 18 「離合詞」の使い方①

163

● 在网上　ネット上で、ウェブ上で

qǐng nǐ zài wǎngshang chá yí xià
请你在网上查一下。（ウェブで調べてみてください）

● 查 chá　調べる、検索する

wǒ zài wǎngshang kàn dào le zhè tiáo xiāo xi
我在网上看到了这条消息。
（私はネットでこの情報を見ました）

● 这条消息 zhè tiáo xiāo xi
この情報、このニュース

● 「觉得 + フレーズ」　〜と感じる、〜と考える、〜と思う

wǒ jué de zhè ge bǐ nà ge hǎo
我觉得这个比那个好。（これはあれよりいいと私は思います）

nǐ jué de jīn tiān qù zěn me yàng
你觉得今天去怎么样？（今日行くのはいかがでしょうか）

● 一干二净　きれいさっぱり

把 + 事柄 + 忘得一干二净　〜をきれいさっぱり忘れてしまう

wǒ bǎ zhè jiàn shì wàng de yì gān èr jìng
我把这件事忘得一干二净。
（私はこのことをきれいさっぱり忘れてしまいました）

● 这件事 zhè jiàn shì　この事、この用件

曜日の言い方

・・・

　曜日には、「星期」と「礼拝」の２つの言い方があります。「星期」を使うことが多いので、まず「星期」を覚えましょう。一から六までの数字を「星期」または「礼拝」の後に付けることで、月曜日から土曜日を表します。

　ただ、日曜日の場合、「七」という数字を使わず、「日」また「天」を使います。どちらも同じように使うので、自分にとって言いやすいほうを覚えておきましょう。

<table>
<tr><td>xīng qī yī
星 期 一 月曜日</td><td>xīng qī èr
星 期 二 火曜日</td></tr>
<tr><td>xīng qī sān
星 期 三 水曜日</td><td>xīng qī sì
星 期 四 木曜日</td></tr>
<tr><td>xīng qī wǔ
星 期 五 金曜日</td><td>xīng qī liù
星 期 六 土曜日</td></tr>
<tr><td>xīng qī rì　xīng qī tiān
星 期 日 / 星 期 天 日曜日</td><td>xīng qī jǐ
星 期 几 何曜日</td></tr>
</table>

　今週の日曜日と言うときには、今週：「这个星期」の後に日曜日：「星期天」の「天」を付け加えます。

　　　zhè ge xīng qī tiān
　　这 个 星 期 天 今週の日曜日

第4章

UNIT
18

「離合詞」の使い方①

1 次のピンインを中国語の簡体字に書き直し、日本語に訳してみましょう。

① wǒ gāng lái rì běn

_____

② shí jiān hé jià gé dōu bǐ jiào hé shì

_____

③ chū fā dàng tiān tiān qì qíng lǎng

_____

2 次の中国語の単語を並べ替え、またその文を日本語に訳してみましょう。

①工作　他　中国　来　一年　已经　了

_____

②15分钟　集合　提前　地点　来到　我

_____

③烦恼　一干二净　她　把　忘得

_____

3 次の日本語の文を中国語に訳してみましょう。

①私はいつもインターネットで買い物をします。

_____

②私はすぐに申し込みました。

_____

③私は食事を終えました。

_____

1

①**我刚来日本。** 　　　　　私は日本に来たばかりです。

②**时间和价格都比较合适。** 　時間と値段はどちらも比較的合っています。

③**出发当天天气晴朗。** 　　　出発当日はよく晴れていました。

2

①**他来中国工作已经一年了。**

　彼は中国に来て、仕事をするようになって1年が経ちました。

　　＊「ある場所に来て、～をするようになってから～が経つ」という表現です。

②**我提前15分钟来到集合地点。**

　私は15分前に集合場所に来ました。

③**她把烦恼忘得一干二净。**

　彼女は悩みをきれいさっぱり忘れました。

　　＊「把 + 事柄 + 忘得一干二净」をフレーズとしてそのまま覚えておくと便利です。

3

①**我经常在网上购物。**

　　＊「在网上」は「ネットで」という意味で、今よく使う言葉です。

②**我马上报名了。／我马上报了名。**

　　＊「报名」は離合詞です。「报名」の間に完了を表す「了」を挟むことができます。

③**我吃完饭了。**

　　＊「吃饭」は離合詞です。完了を表す「了」と結果補語「完」を一緒に使うことができます。ただ、「吃饭完了」とは言わないので、注意しましょう。

日曜日、女友達の麗麗ちゃんと王府井に遊びに出かけます。映画を見て、マクドナルドで食事をして・・・。「離合詞」をさらに学ぶほか、「先〜然后〜」「从」「到」などの表現も身につけましょう。

CD 55

xīng qī tiān zǎoshang wǒ gēn wǒ de guī mì lì li yì qǐ chū qu wánr le
星期天早上我跟我的闺蜜丽丽一起出去玩儿了。

wǒ men xiān zuò gōng jiāo chē rán hòu huànchéng dì tiě
我们先坐公交车，然后换乘地铁。

zài wáng fǔ jǐng kàn le yì chǎngdiànyǐng jué de dù zi yǒu diǎnr è
在王府井看了一场电影，觉得肚子有点儿饿，

yú shì jiù qù fù jìn de màidāng láo gè zì mǎi le yí ge tào cān
于是就去附近的麦当劳各自买了一个套餐，

yì biān chī yì biān tán lùn gāng cái de diànyǐng
一边吃一边谈论刚才的电影。

cóng màidāng láo chū lai jiù qù le gòu wù zhōng xīn
从麦当劳出来就去了购物中心。

wǒ menguàng le liǎng ge duō xiǎo shí cái huí jiā
我们逛了两个多小时才回家。

zhè yì tiān suī rán zǒu le hěn cháng shí jiān de lù lèi de yào sǐ
这一天虽然走了很长时间的路，累得要死，

dàn shì xīn qíng tè bié yú kuài
但是心情特别愉快。

学習のポイント

◎ 離合詞の使い方②：時間・距離の量を挟む

◎ 「先〜然后〜」「从」「到」の用法

日曜日の朝、私は仲の良い女友達の麗麗ちゃんと一緒に遊びに出かけました。

私たちはまずバスに乗り、その後、地下鉄に乗り換えました。

王府井（北京の繁華街）で映画を見て、少しお腹が空いたと感じました。

そこで、近くにあるマクドナルドに行き、それぞれセットメニューを買って、

食べながらさっき見た映画について話しました。

マクドナルドから出て、ショッピングモールに行きました。

私たちは２時間あまりぶらぶらしてようやく家に帰りました。

この日はずいぶん歩いて、すごく疲れましたが、

とても楽しかったです。

本文単語

□ **闺蜜** guī mì　仲の良い女友達

□ **换乘** huàn chéng　乗り換える

□ **场** chǎng　映画、舞台などを数える　＊量詞

□ **饿** è　お腹が空く

□ **各自** gè zì　各自、それぞれ

□ **谈论** tán lùn　話し合う、話す

□ **购物中心** gòu wù zhōng xīn　ショッピングモール

□ **这一天** zhè yì tiān　この日

□ **很长时间** hěn cháng shí jiān　長い間、長い時間

□ **死** sǐ　死ぬ

□ **愉快** yú kuài　愉快である、楽しい　＊形容詞

□ **先 ~ 然后** xiān ~ rán hòu　〜をしてから〜をする

□ **看电影** kàn diàn yǐng　映画を見る

□ **肚子** dù zi　お腹、腹部

□ **麦当劳** mài dāng láo　マクドナルド

□ **套餐** tào cān　セットメニュー、コース料理

□ **刚才** gāng cái　先ほど、さっき

□ **才** cái　やっと、ようやく

□ **走路** zǒu lù　歩く

□ **累** lèi　疲れる　＊形容詞

□ **心情** xīn qíng　気持ち、心情

第4章
UNIT 19
「離合詞」の使い方②

離合詞の使い方②

UNIT 18では、離合詞2語の間に完了を表す「了」と結果補語「完」を入れる表現を紹介しました。ここでは、時間の量や距離の量などを挟む表現を説明します。

離合詞の1語目 + 了 + 時間や距離の量など + 的 + 離合詞の2語目

「走路 zǒu lù」（歩く）は離合詞です。

zǒu le yí ge xiǎo shí de lù
走了一个小时的路 （1時間歩きました）

zǒu le hěn cháng shí jiān de lù
走了很长时间的路 （長い時間歩きました）

zǒu le liǎng gōng lǐ de lù
走了两公里的路 （2キロ歩きました）

●公里 gōng lǐ キロメートル

「睡觉 shuì jiào」（寝る）は離合詞です。

shuì le yí ge xiǎo shí de jiào
睡了一个小时的觉 （1時間寝ました）

shuì le hěn cháng shí jiān de jiào
睡了很长时间的觉 （長い時間寝ました）

公式 48 「先〜然后〜」の用法 ....

2つの動作の順序を表します。

| 主語 ＋ 先 ＋ 動詞 ＋ 目的語、然后 ＋ 動詞 ＋ 目的語 |

〜をしてから、〜をする

wǒ xiān chī fàn　　rán hòu qù mǎi dōng xi

我先吃饭，然后去买东西。

（私は先にご飯を食べてから買い物に行きます）

wǒ men xiān qù kàn diàn yǐng　　rán hòu guàng shāng diàn

我们先去看电影，然后逛商店。

（私たちは先に映画を見に行って、その後お店をぶらぶらします）

重要表現

● 从　〜から、〜より

時間や場所の起点を表します。

| 从 ＋ 時間・場所 |

bào míng cóng jīn tiān kāi shǐ

报名从今天开始。　（申し込みは今日から始まります）

tā cóng rì běn huí lai

他从日本回来。　（彼は日本から帰って来ました）

第4章

UNIT
19

「離合詞」の使い方②

● 到　〜まで

時間や場所の終点を表します。

| 到 ＋ 時間・場所 |

bào míng dào jīn tiān jié shù
报名到今天结束。（申し込みは今日までで終わります）

　　　　　　●**结束** jié shù　終わる、終了する

cóng　zhèr　dào chē zhàn bú　tài yuǎn
从这儿到车站不太远。

（ここから駅まではあまり遠くありません）

＊「从」と「到」はそれぞれ単独で使うことも、一緒に使うこともできます。

● 才　やっと、ようやく

動作の発生や完了が遅いことを表します。動詞の前に置きます。

nǐ zěn me cái lái
你怎么才来？（なぜこんなに来るのが遅いの？）

shí　èr diǎn le　　tā　cái shuì jiào
十二点了，他才睡觉。（12時になって、彼はやっと寝ました）

　　　　　　●**睡觉** shuì jiào　寝る、就寝する

●「数量詞 ＋ 多 ＋ 〜」　〜あまり

yì diǎn duō
一点多（1時過ぎ）

yí　ge duō xiǎo shí
一个多小时（1時間あまり）

yí　ge duō xīng qī
一个多星期（1週間あまり）

yí　ge duō yuè
一个多月（1カ月あまり）

yì nián duō
一年多（1年あまり）

●「形容詞 + 得要死」　すごく〜だ、死ぬほど〜だ

普通ではない程度を表します。少々大げさな表現です。

jīn tiān tiān qì　rè　de　yào　sǐ
今天天气热得要死。 （今日はすごく暑いです）

tā　zhòng cǎi piào le　　gāo xìng de　yào　sǐ
他中彩票了，高兴得要死。
（彼はくじに当たって、死ぬほど嬉しかった）

●**中彩票** zhòng cǎi piào　くじに当たる

よく使う慣用句 5

「做」「吹」を使う

zuò dōng
做东　　ごちそうをする、ホスト役を務める

zuò shǒu jiǎo
做手脚　こっそり手を回す、いんちきをやる

zuò wén zhāng
做文章　ある事件や問題を取り上げて言いがかりをつける

chuī lěng fēng
吹冷风　それとなく嫌がらせを言ったり、水をさしたりする

chuī niú　pí
吹牛皮　大風呂敷を広げたり、自慢話をしたりする

1 次のピンインを中国語の簡体字に書き直し、日本語に訳してみましょう。

① wǒ men xiān zuò gōng jiāo chē

_____

② jué de dù zi yǒu diǎnr è

_____

③ gè zì mǎi le yí ge tào cān

_____

2 次の中国語の文を日本語に訳してみましょう。

① 昨天他睡了很长时间的觉。

_____

② 他每天走两公里的路。

_____

③ 我们一边喝咖啡一边谈论刚才的电影。

_____

3 次の日本語の文を中国語に訳してみましょう。

① 私たちは先に買い物をして、その後食事に行きます。

_____

② 10時過ぎになり、彼はようやく家に帰りました。

_____

③ 今日は死ぬほど疲れました。

_____

1

①**我们先坐公交车。**　　私たちは先にバスに乗ります。

②**觉得肚子有点儿饿。**　少しお腹が空いたと感じました。

③**各自买了一个套餐。**　それぞれセットメニューを買いました。

2

①昨日、彼は長い時間寝ました。

　＊「睡觉」は離合詞です。「睡觉」の間に時間の量を挟むことができます。

②彼は毎日２キロ歩きます。

　＊「走路」は離合詞です。２語の間に距離の量を挟むことができます。

③私たちはコーヒーを飲みながらさっきの映画について話しました。

　＊「一边」は２つの動作を同時に進行することを表します。１つに動作に「一边」を１回ずつ使います。

3

①**我们先买东西，然后去吃饭。**

　＊「先～然后～」は２つの動作が行われる順序を表します。

②**十点多了，他才回家。**

　＊「多」は（～あまり、～過ぎ）という意味で、数量詞の後に置きます。「才」は動作の発生や完了が遅いことを表します。必ず動詞の前に置きます。

③**今天累得要死。**

　＊「形容詞＋得要死」は普通ではない程度を表します。少し大げさな表現ですが、日常生活では意外によく使うので、覚えておきましょう。

隣家で暮らすおばあさんの話です。おばあさんは身の回りをきれいに整えていて、元気で活動的です。「離合詞」をさらに学び、趣味・好きなことについての会話を練習します。

CD
58

wǒ jiā de lín jū shì yí wèi lǎo nǎi nai
我家的邻居是一位老奶奶，

wǔ nián qián tā de liǎng ge hái zi xiān hòu jié hūn
五年前她的两个孩子先后结婚，

yú shì tā yì zhí yí ge rén shēng huó
于是她一直一个人生活。

tā jiā bú tài dà dàn shì shōu shi de fēi cháng gān jìng
她家不太大，但是收拾得非常干净，

yáng tái shang hái yǎng le hěn duō huār
阳台上还养了很多花儿。

lǎo nǎi nai shēn tǐ hěn hǎo měi tiān qǐ chuáng qǐ de hěn zǎo
老奶奶身体很好。每天起床起得很早。

gēn hěn duō lǎo rén men yì qǐ qù fù jìn de gōngyuán sàn bù
跟很多老人们一起去附近的公园散步，

dǎ tài jí quán
打太极拳。

lǎo nǎi nai yǒu hěn duō ài hào tā xǐ huan tīng yīn yuè chàng gēr
老奶奶有很多爱好，她喜欢听音乐、唱歌儿。

tā chàng gēr chàng de fēi cháng hǎo tīng
她唱歌儿唱得非常好听。

学習のポイント

◎「離合詞」の使い方③：程度補語「得」を組み込む
◎ 趣味・好きなことの聞き方・答え方

我が家の隣に１人のおばあさんがいます。

５年前に２人の子供が相次いで結婚して、

それで彼女はずっと１人で暮らしています。

彼女の家はあまり広くありませんが、とてもきれいに片づいています。

また、ベランダではたくさんの花を育てています。

おばあさんはとても元気です。毎日朝早く起きて、

多くのお年寄りたちと一緒に近所の公園に行って、散歩をしたり、

太極拳をしたりします。

おばあさんはたくさんの趣味を持っていて、

彼女は音楽を聴くことや歌を歌うことが好きです。

歌はとても上手です。

本文単語 CD 59

□ **邻居** lín jū　隣人

□ **孩子** hái zi　子供

□ **结婚** jié hūn　結婚する

□ **一直** yì zhí　ずっと、しばらくの間

□ **干净** gān jìng　きれいだ、清潔だ　＊形容詞

□ **养** yǎng　花や植物を栽培する、ペットや動物を飼う

□ **起床** qǐ chuáng　起床する、起きる

□ **老人** lǎo rén　お年寄り、老人

□ **散步** sàn bù　散歩をする

□ **爱好** ài hào　趣味、好きなこと

□ **唱歌儿** chàng gēr　歌を歌う

□ **老奶奶** lǎo nǎi nai　おばあさん

□ **先后** xiān hòu　相次いで、前後して

□ **于是** yú shì　そこで、それで

□ **收拾** shōu shi　片づける、整理する

□ **阳台** yáng tái　ベランダ

□ **花儿** huār　花

□ **早** zǎo　（時間が）早い　＊形容詞

□ **公园** gōng yuán　公園

□ **打太极拳** dǎ tài jí quán　太極拳をする

□ **听音乐** tīng yīn yuè　音楽を聴く

□ **好听** hǎo tīng　（声・音が）きれいだ　＊形容詞

公式 49 趣味や好きなことの聞き方・答え方

聞き方は主に次の2つがあります

nǐ xǐ huanshén me
你喜欢什么？ （あなたは何が好きですか）

nǐ de ài hào shì shén me
你的爱好是什么？ （あなたの趣味は何ですか）

答え方

| 主語 + 喜欢 + 動詞 + 目的語 |

tā xǐ huan dǎ wǎng qiú
他喜欢打网球。 （彼はテニスが好きです）

● 打 dǎ プレーをする
● 网球 wǎng qiú テニス

tā xǐ huan kàn diànyǐng
她喜欢看电影。 （彼女は映画が好きです）

| 主語 + 的爱好是 + 動詞 + 目的語 |

tā de ài hào shì dǎ wǎng qiú
他的爱好是打网球。 （彼の趣味はテニスです）

tā de ài hào shì kàn diànyǐng
她的爱好是看电影。 （彼女の趣味は映画です）

注意：日本語では「テニスが好きだ」「映画が好きだ」のように、動詞を言わないのが一般的ですが、中国語では、「テニスをするのが好きだ」「映画を見るのが好きだ」と動詞を言うのが一般的です。趣味や好きなことで、動作が伴うものであれば、動詞まで言うようにしましょう。

また、「爱好」と聞かれて、「喜欢」を使って答えても大丈夫です。つまり、たずね方と答え方は必ずしも一致しなくても問題ありません。

公式 50 離合詞の使い方③

UNIT 12では、程度補語の「得」について学習しました。今回は離合詞と一緒に使う場合の言い方を紹介します。

> 主語 + 離合詞 + 離合詞の1語目 + 得 + 形容詞

tā chī fàn chī de hěn duō
他吃饭吃得很多。 （彼はたくさん食べます）

tā shuì jiào shuì de hěn wǎn
他睡觉睡得很晚。 （彼は寝るのが遅いです）

重要表現

● **先后** 相次いで、前後して

動詞の前に置きます。

同じ主語の異なる動作を表す

tā xiān hòu qù le shàng hǎi hé běi jīng
他先后去了上海和北京。
（彼は前後して上海と北京に行きました）

異なる主語の同じ動作を表す

wǒ hé tā xiān hòu qù le shàng hǎi
我和他先后去了上海。
（私と彼は相前後して上海に行きました）

● 于是　そこで、それで、そして

　2つの事柄について、時間的な前後関係を表す

shí jiān dào le 　 yú shì zhǔn bèi chū fā
时 间 到 了 , 于 是 准 备 出 发 。

（時間になりました。それでは出発の準備をしましょう）

　　　　　　　　　　　　　　● 准备 zhǔn bèi　準備をする
　　　　　　　　　　　　　　● 出发 chū fā　出発する

　2つの事柄について、因果関係を表す

dà jiā dōu qù 　 yú shì wǒ yě zhǐ hǎo qù
大 家 都 去 , 于 是 我 也 只 好 去 。

（みんな行きます。それで、やむを得ず私も行きます）

　　　　　　　　　　　　　　● 只好 zhǐ hǎo　やむを得ない

● 一直　ずっと、絶え間なく

　動詞の前に置きます。動作・状態が持続して、変わらないことを表します。

tā yì zhí zài zhè jiā gōng sī gōng zuò
他 一 直 在 这 家 公 司 工 作 。

（彼はずっとこの会社で働いています）

xiǎo zhāng yì zhí zhù zài běi jīng
小 张 一 直 住 在 北 京 。

（張さんはずっと北京に住んでいます）

●「养 ＋ ～」　花や植物などを栽培する、ペットや動物を飼う

tā jiā yǎng le yì zhī māo
他 家 养 了 一 只 猫 。　（彼の家は1匹の猫を飼っていました）

　　　　　　　　　　　　　　● 一只猫 yì zhī māo　1匹の猫

さまざまな動詞を使う

tāo yāo bāo
掏腰包　　　　お金を出す

pāi mǎ pì
拍马屁　　　　おべっかを使う、ごまをする

xiè tiān xiè dì
谢天谢地　　　この上なくありがたい、待ち望んでいたことが
　　　　　　　　実現したときの感激ぶりを表す

xǐ shǒu bú gàn
洗手不干　　　足を洗う、悪事をやめる

tīng fēng shì yǔ
听风是雨　　　ちょっとした噂を聞いただけですぐに真実だと信
　　　　　　　　じ込む

gān dǎ léi bú xià yǔ
干打雷不下雨　掛け声ばかりで実行が伴わない

第 4 章

UNIT
20

「離合詞」の使い方③／趣味・好きなこと

1 次のピンインを中国語の簡体字に書き直し、日本語に訳してみましょう。

① lǎo nǎi nai yì zhí yí ge rén shēng huó

_____

② qù fù jìn de gōng yuán sàn bù

_____

③ tā xǐ huan tīng yīn yuè

_____

2 冒頭のパッセージの内容に従って次の質問に答えましょう。

①老奶奶身体怎么样?

_____

②老奶奶家大吗?

_____

③老奶奶家收拾得怎么样?

_____

3 次の日本語の文を中国語に訳してみましょう。

① 2人の子供が相次いで結婚しました。

_____

② 彼女は毎日起きるのが早いです。

_____

③ あなたは何が好きですか。

_____

1

①老奶奶一直一个人生活。　おばあさんはずっと1人で暮らしています。

②去附近的公园散步。　　　近所の公園へ散歩に行きます。

③她 (他) 喜欢听音乐。　　　彼女 (彼) は音楽を聴くのが好きです。

2

①老奶奶身体很好。

＊これは主述述語文です。

②老奶奶家不太大。

＊「太」は普通を超えている程度を表し、文末に「了」を伴うことがあります が、否定形は「了」が要りません。

③老奶奶家收拾得非常干净。

＊「得」は程度補語で、動詞の後ろに置きます。

3

①两个孩子先后结婚。

＊「先后」は動詞の前に置き、「相次ぎ、前後して」という意味を表します。

②她每天起得很早。／她每天起床起得很早。

＊「起床」は離合詞です。程度補語と一緒に使う場合の語順に注意しましょ う。

③你喜欢什么？／你的爱好是什么？

＊相手の好きなことや趣味をたずねる言い方です。日常生活でよく使うの で、覚えておきましょう。

第4章
UNIT
20
「離合詞」の使い方③／趣味・好きなこと

文法公式のまとめ

UNIT 1〜20で紹介した中国語文法の公式を一覧にしました。もう一度チェックして、忘れたものは学習ページに戻って、復習しておきましょう。

UNIT 1

公式1 人称代詞 ▶▶▶ p.12
主語にも目的語にも同じ形で使う。

公式2 動詞「是」の使い方 ▶▶▶ p.13
「是」は左右の言葉をつなぎ、「〜は〜だ」「〜は〜である」と両者が同じであることを表す。

公式3 指示代詞 ▶▶▶ p.14
中国語の「指示代詞」は主語に使うものと目的語に使うものの形が異なる。

公式4 動作・行為を表す動詞の文 ▶▶▶ p.14
「ある人が何かをする・しない」、または「ある人が何かをした・しなかった」という意味を表す文のことを指す。

公式5 動詞の文に時間詞を入れる ▶▶▶ p.15
時間詞の位置で強調する言葉が異なる。

公式6 助動詞の使い方 ▶▶▶ p.16
動詞を助ける役割を果たし、必ず動詞の前に置く。

公式7 二重目的語文 ▶▶▶ p.17
動詞が「人」と「物・事」の2つの目的語を取る文のこと。2つの目的語の順番は決まっている。

UNIT 2

公式8 動詞「有」の使い方 ▶▶▶ p.22
①人を主語にして、所有を表す。
②「ある場所に人がいる」「ある場所に物がある」という存在を表す表現にもなる。

公式9 「一点儿」と「有点儿」の使い方 ▶▶▶ p.24
「一点儿」は程度が普通またはプラスのこと、「有点儿」は程度がマイナスまたは望ましくないことに使う。

公式10 動詞の重ね型 ▶▶▶ p.25
動作・行為を表す動詞を繰り返して使う。「ちょっと〜する」「ちょっと〜してみる」という意味を表す。

187

本文単語のまとめ

各UNITに出てきた「本文単語」をピンイン順に並べたリストです。
覚えたかどうかを確認するためにご利用ください。

A		
□ 爱好	ài hào	趣味、好きなこと

B		
□ 把	bǎ	～を～する ＊目的語を強調するときに使う
		椅子や傘を数える ＊量詞
□ 爸爸	bà ba	父親、お父さん
□ 搬家	bān jiā	引越しをする
□ 班上	bān shang	クラスの中
□ 班主任	bān zhǔ rèn	担任の先生
□ 傍晚	bàng wǎn	夕方
□ 饱	bǎo	満腹状態であることを表す ＊結果補語
□ 报名	bào míng	申し込む、申請する
□ 背	bēi	背負う
□ 被	bèi	～される ＊受け身を表す
□ 比	bǐ	～より、～に比べて
□ 笔记本	bǐ jì běn	ノート
□ 比较	bǐ jiào	比較的

□ 毕业	bì yè	卒業、卒業する
□ 便利店	biàn lì diàn	コンビニエンスストア
□ 表扬	biǎo yáng	褒める、評価する

C		
□ 才	cái	やっと、ようやく
□ 菜	cài	料理、野菜
□ 参加	cān jiā	参加する
□ 场	chǎng	映画、舞台などを数える ＊量詞
□ 唱	chàng	歌う
□ 唱歌儿	chàng gēr	歌を歌う
□ 车站	chē zhàn	駅、バス停
□ 成绩	chéng jì	成績
□ 吃	chī	食べる
□ 吃饱	chī bǎo	食べてお腹いっぱいになる
□ 吃饭	chī fàn	ご飯を食べる
□ 吃完	chī wán	食べ終える
□ 充实	chōng shí	充実している

□ 出	chū	中から外へ出て行くことを表す　*方向補語	□ 得	de	動作の様態などを表す　*程度補語
□ 出差	chū chāi	出張、出張をする		děi	～しなければならない　*助動詞
□ 出发	chū fā	出発、出発する	□ 弟弟	dì di	弟
□ 出去	chū qu	出て行く	□ 地铁	dì tiě	地下鉄
□ 厨房	chú fáng	台所	□ 第一次	dì yī cì	第一回、初めて
□ 春节	chūn jié	春節（旧暦の正月）	□ 第一名	dì yī míng	第一位、トップ
□ 聪明	cōng ming	聡明である、賢い　*形容詞	□ 第一天	dì yī tiān	初日、最初の日
□ 从	cóng	～から、～より　*時間や場所の起点を表す	□ 点	diǎn	～時　*時間を表す
D			□ 点上	diǎn shang	（火を）つける
□ 答应	dā ying	承諾する	□ 电脑	diàn nǎo	パソコン
□ 达到	dá dào	～に達する	□ 懂	dǒng	内容が理解できることを表す　*結果補語
□ 打太极拳	dǎ tài jí quán	太極拳をする	□ 都	dōu	（前の言葉を指して）みんな、全部
□ 大家	dà jiā	みなさん	□ 肚子	dù zi	お腹、腹部
□ 大学	dà xué	大学	□ 锻炼	duàn liàn	鍛える
□ 大约	dà yuē	およそ、だいたい	□ 对	duì	～に、～に対して
□ 蛋糕	dàn gāo	ケーキ	□ 多	duō	多い　*形容詞
□ 但是	dàn shì	しかし、でも　*接続詞	**E**		
□ 当天	dàng tiān	当日、その日	□ 饿	è	お腹が空く
□ 到	dào	動作・行為の目的が達成されることを表す　*結果補語	□ 而且	ér qiě	そして、さらに
□ 到处都是	dào chù dōu shì	至るところに	□ 二年级	èr nián jí	2年生
□ 的	de	～の～			

F			□ 歌儿	gēr	歌
□ 烦恼	fán nǎo	悩み	□ 个	gè	物や人を数える *量詞
□ 房间	fáng jiān	部屋	□ 各自	gè zì	各自、それぞれ
□ 放	fàng	置く、並ぶ	□ 跟	gēn	～と一緒に *動作の対象を表す
□ 放学	fàng xué	放課、放課後	□ 公司	gōng sī	会社、職場
□ 放在	fàng zài	置いてある	□ 公司职员	gōng sī zhí yuán	会社員
□ 非常	fēi cháng	とても、非常に	□ 公园	gōng yuán	公園
□ 附近	fù jìn	近く、付近	□ 工作	gōng zuò	仕事、仕事をする
□ 父母	fù mǔ	両親、父と母	□ 共	gòng	合計
□ 复习	fù xí	復習、復習をする	□ 购物	gòu wù	買い物をする
□ 负责	fù zé	担当する、管理する	□ 购物中心	gòu wù zhōng xīn	ショッピングモール
G			□ 逛	guàng	ぶらぶらする
□ 该～了	gāi ～ le	そろそろ～するはずだ	□ 闺蜜	guī mì	仲の良い女友達
□ 改革开放	gǎi gé kāi fàng	改革開放（政策）	□ 规模	guī mó	規模
□ 改天	gǎi tiān	日を改める	□ 国庆节	guó qìng jié	国慶節 *中国の建国記念日
□ 干净	gān jìng	きれいだ、清潔だ *形容詞	□ 国外	guó wài	海外、国外
□ 刚	gāng	～したばかりである	□ 过去	guò qu	過ぎる、経過する
□ 刚才	gāng cái	先ほど、さっき	□ 过	guo	～したことがある *昔の経験を表す
□ 高兴	gāo xìng	嬉しい、楽しい *形容詞	**H**		
□ 高中生	gāo zhōng shēng	高校生	□ 还	hái	また
□ 告诉	gào su	知らせる、教える	□ 还是	hái shi	やはり

□ 孩子	hái zi	子供	
□ 含	hán	含む	
□ 汉语	hàn yǔ	中国語	
□ 好不容易才	hǎo bu róng yì cái	やっとのことで	
□ 好好儿	hǎo hāor	よく、きちんと	
□ 好听	hǎo tīng	(声・音が) きれいだ *形容詞	
□ 喝	hē	飲む	
□ 和	hé	〜と	
□ 合适	hé shì	ぴったりである、ちょうどいい	
□ 很	hěn	とても	
□ 很长时间	hěn cháng shí jiān	長い間、長い時間	
□ 很多	hěn duō	たくさん	
□ 话	huà	話、話す内容	
□ 换乘	huàn chéng	乗り換える	
□ 花儿	huār	花	
□ 回	huí	帰る、戻る	
□ 回国	huí guó	帰国する	
□ 回家	huí jiā	家に帰る、帰宅する	
□ 回来	huí lai	帰って来る	

J

□ 基本	jī běn	基本的な	

□ 机会	jī hui	機会、チャンス	
□ 几个	jǐ ge	いくつか	
□ 记在	jì zài	〜に書き留める	
□ 家	jiā	家、家族	
		会社、店などを数える *量詞	
□ 加班	jiā bān	残業する	
□ 家庭主妇	jiā tíng zhǔ fù	専業主婦	
□ 价格	jià gé	価格、値段	
□ 假期	jià qī	休暇、休みの期間	
□ 间	jiān	部屋を数える *量詞	
□ 见	jiàn	前の動詞の結果を感じ取ることを表す *結果補語	
□ 讲	jiǎng	話す、言う	
□ 教	jiāo	教える、伝授する	
□ 交流	jiāo liú	交流する、コミュニケーションをとる	
□ 郊外	jiāo wài	郊外	
□ 饺子	jiǎo zi	餃子	
□ 叫	jiào	〜と言う *下の名前やフルネールを言う際に使う	
□ 教室	jiào shì	教室	
□ 结婚	jié hūn	結婚する	
□ 今年	jīn nián	今年	
□ 金融	jīn róng	金融	

□ 今天	jīn tiān	今日
□ 紧张	jǐn zhāng	緊張する ＊形容詞
□ 经常	jīng cháng	いつも、常に
□ 经过	jīng guò	～を経て、 ～を通じて
□ 景点	jǐng diǎn	観光スポット
□ 就	jiù	すぐに
□ 据统计	jù tǒng jì	統計によると
□ 决定	jué dìng	決める、決定する

K		
□ 咖啡	kā fēi	コーヒー
□ 咖啡厅	kā fēi tīng	喫茶店
□ 开始	kāi shǐ	始まる、始める
□ 开心	kāi xīn	愉快である、楽しい ＊形容詞
□ 开学	kāi xué	学校が始まる
□ 看电影	kàn diàn yǐng	映画を見る
□ 看见	kàn jiàn	見える、見かける、 目に入る
□ 考上	kǎo shang	～に合格する、 ～に受かる
□ 考试	kǎo shì	試験、試験をする
□ 可以	kě yǐ	～できる
□ 可以说	kě yǐ shuō	～と言える
□ 口	kǒu	家族全員の人数を数える ＊量詞

□ 快～了	kuài ～ le	もうすぐ～だ

L		
□ 拉面	lā miàn	ラーメン
□ 蜡烛	là zhú	ロウソク
□ 来	lái	来る
		基準点に近づいてくることを表す ＊方向補語
□ 老奶奶	lǎo nǎi nai	おばあさん
□ 老人	lǎo rén	お年寄り、老人
□ 老师	lǎo shī	（学校の）先生
□ 老同学	lǎo tóng xué	昔の同級生
□ 老样子	lǎo yàng zi	昔のまま
□ 了	le	～した ＊動作の完了を表す
		～になった ＊変化を表す
□ 累	lèi	疲れる ＊形容詞
□ 冷	lěng	寒い ＊形容詞
□ 离	lí	～から（～まで）
□ 离开	lí kāi	離れる
□ 里	lǐ	～の中に
□ 礼物	lǐ wù	プレゼント、お土産
□ 利用	lì yòng	利用、利用する
□ 辆	liàng	車などを数えるとき に使う ＊量詞

□ 邻居	lín jū	隣人		□ 名	míng	定員を数える ＊量詞
□ 临走时	lín zǒu shí	帰る直前		□ 明天	míng tiān	明日
□ 流利	liú lì	流暢な　＊形容詞		**N**		
□ 留学	liú xué	留学、留学する		□ 能	néng	～することができる ＊能力を表す
□ 楼下	lóu xià	下の階		□ 年轻	nián qīng	若い　＊形容詞
□ 旅游	lǚ yóu	旅行、旅行する		□ 牛	niú	牛年
□ 旅游团	lǚ yóu tuán	ツアー		□ 努力	nǔ lì	努力する ＊形容詞
M				□ 女	nǚ	女性
□ 妈妈	mā ma	母親、お母さん		**P**		
□ 马上	mǎ shàng	すぐに		□ 派对	pài duì	パーティー　＊発音は英語のpartyとなることも
□ 买	mǎi	買う、購入する		□ 跑	pǎo	走る、駆ける
□ 买到	mǎi dào	入手する、手に入れる		□ 陪	péi	お供をする、付き添う
□ 麦当劳	mài dāng láo	マクドナルド		□ 朋友	péng you	友達、友人
□ 忙	máng	忙しい　＊形容詞		□ 碰见	pèng jiàn	ばったり会う、出会う
□ 贸易	mào yì	貿易		□ 漂亮	piào liang	きれい、美しい ＊形容詞
□ 没想到	méi xiǎng dào	～とは思わなかった		**Q**		
□ 没怎么变	méi zěn me biàn	相変わらず		□ 期末	qī mò	期末
□ 每次	měi cì	毎回		□ 骑	qí	(馬や自転車、オートバイなどに)乗る、またがる
□ 每天	měi tiān	毎日		□ 起床	qǐ chuáng	起床する、起きる
□ 美滋滋的	měi zī zī de	嬉しくて浮き浮きしている		□ 勤奋	qín fèn	勤勉である ＊形容詞
□ 梦想	mèng xiǎng	夢、願い		□ 晴朗	qíng lǎng	晴天、晴れ

□ 请来	qǐng lai	来てもらう、招待する	□ 生活	shēng huó	生活、生活をする
□ 去	qù	基準点から離れていくことを表す　＊方向補語	□ 升级	shēng jí	昇級、レベルアップ
□ 去年	qù nián	去年、昨年	□ 生日	shēng rì	誕生日
□ 全班	quán bān	全クラス	□ 盛开	shèng kāi	（花が）満開になる
R			□ 食材	shí cái	食材、食べ物
□ 让	ràng	使役を表す	□ 时候	shí hou	～のとき
□ 认识	rèn shi	知り合う、出会う	□ 时间	shí jiān	時間、日時
□ 认真	rèn zhēn	真面目である	□ 食堂	shí táng	食堂
□ 日常生活	rì cháng shēng huó	日常生活	□ 实现	shí xiàn	実現する、叶う
S			□ 是	shì	～は～だ、～は～である
□ 三连休	sān lián xiū	3連休	□ 事情	shì qing	事情、事柄
□ 散步	sàn bù	散歩をする	□ 收拾	shōu shi	片づける、整理する
□ 沙发	shā fā	ソファ	□ 书	shū	本
□ 商店	shāng diàn	お店、商店	□ 书包	shū bāo	ランドセル
□ 上	shàng	（幼稚園や学校に）上がる	□ 书房	shū fáng	書斎
□ 上班	shàng bān	仕事に行く、通勤する	□ 书架	shū jià	本棚
□ 上课	shàng kè	授業を受ける、授業をする	□ 属	shǔ	十二支で生まれた年を表す
□ 上来	shàng lai	動作が低い所から高い所へ移動することを表す　＊方向補語	□ 树	shù	木
□ 上星期	shàng xīng qī	先週	□ 水果	shuǐ guǒ	果物
□ 上学	shàng xué	通学する、学校に通う	□ 说	shuō	言う、話す
□ 身体	shēn tǐ	身体	□ 司空见惯	sī kōng jiàn guàn	見慣れてしまい珍しくない、日常のこと

□ 死	sǐ	死ぬ		□ 同班同学	tóng bān tóng xué	クラスメート
□ 送	sòng	贈る、送る		□ 同学	tóng xué	同級生、クラスメート
□ 宿舍	sù shè	寮、宿舎		□ 图书馆	tú shū guǎn	図書館
□ 算数	suàn shù	算数		**W**		
□ 虽然	suī rán	～であるけれども～だ ＊接続詞		□ 外地	wài dì	地方
□ 岁	suì	～歳 ＊年齢を指す		□ 完	wán	動作・行為の完了を表す ＊結果補語
□ 所以	suǒ yǐ	したがって、だから ＊接続詞		□ 晚上	wǎn shang	夜
T				□ 往	wǎng	～に向けて
□ 他	tā	彼 ＊三人称		□ 网上	wǎng shang	インターネット
□ 她	tā	彼女 ＊三人称		□ 忘	wàng	忘れる
□ 太	tài	普通を超えている程度を表す		□ 玩儿	wánr	遊ぶ
□ 谈论	tán lùn	話し合う、話す		□ 为	wèi	～のために、～に ＊動作の対象を表す
□ 套餐	tào cān	セットメニュー、コース料理		□ 我	wǒ	私 ＊一人称
□ 特别	tè bié	特別に、とても		□ 我看	wǒ kàn	～と私は思う
□ 提高	tí gāo	高める、上がる		**X**		
□ 提前	tí qián	前もって		□ 希望	xī wàng	望む、希望する
□ 天气	tiān qì	天気、気候		□ 喜欢	xǐ huan	好きである、気に入る
□ 挑选	tiāo xuǎn	選ぶ、選択する		□ 下班	xià bān	仕事が終わる、退社する
□ 听懂	tīng dǒng	聴いてわかる		□ 下决心	xià jué xīn	決心する
□ 听音乐	tīng yīn yuè	音楽を聴く		□ 下午	xià wǔ	午後
□ 通过	tōng guò	通過する、試験に合格する		□ 先～然后	xiān ～ rán hòu	～をしてから～をする

□ 先后	xiān hòu	相次いで、前後して		□ 养	yǎng	花や植物を栽培する、ペットや動物を飼う
□ 羡慕	xiàn mu	羨ましい		□ 要	yào	かかる
□ 现在	xiàn zài	今、現在				〜しなければならない　*助動詞
□ 想	xiǎng	〜したい　*助動詞		□ 要好	yào hǎo	仲の良い　*形容詞
□ 想法	xiǎng fǎ	考え		□ 业务	yè wù	業務、仕事
□ 小学	xiǎo xué	小学校		□ 衣服	yī fu	衣服
□ 校园	xiào yuán	校内、キャンパス		□ 一年级	yī nián jí	1年生
□ 写字台	xiě zì tái	学習机		□ 一〜就	yī 〜 jiù	〜をしたら〜をする
□ 新家	xīn jiā	新しい家		□ 一大早	yí dà zǎo	朝一番、明け方
□ 心里	xīn li	心の中		□ 一大桌子	yí dà zhuō zi	テーブル一杯（に）
□ 心情	xīn qíng	気持ち、心情		□ 一定	yí dìng	必ず、きっと
□ 新型	xīn xíng	新型（の）		□ 一个人	yí ge rén	ひとり
□ 姓	xìng	〜と言う　*名字を言う際に使う		□ 以后	yǐ hòu	〜以後、〜してから
□ 兄弟姐妹	xiōng dì jiě mèi	（男女をまとめて）兄弟		□ 已经	yǐ jīng	すでに、もう
□ 需要	xū yào	必要である		□ 以来	yǐ lái	〜以来
□ 学	xué	学ぶ、勉強する		□ 椅子	yǐ zi	椅子、ベンチ
□ 学生	xué sheng	学生		□ 亿	yì	億　*単位
□ 学习	xué xí	勉強する、学ぶ		□ 一边〜一边	yì biān 〜 yì biān	〜をしながら〜をする
Y				□ 一点儿	yì diǎnr	少し、ちょっと
□ 眼泪	yǎn lèi	涙		□ 一干二净	yì gān èr jing	きれいさっぱり
□ 阳台	yáng tái	ベランダ		□ 一直	yì zhí	ずっと、しばらくの間

□ 因为	yīn wèi	～なので、～だから *接続詞	□ 张	zhāng	机などを数える *量詞
□ 音乐	yīn yuè	音楽	□ 掌握	zhǎng wò	把握している
□ 樱花	yīng huā	桜（の花）	□ 找	zhǎo	探す、見つける
□ 用	yòng	～を利用する、～を使う	□ 照	zhào	～のとおりに、～のように
□ 游客	yóu kè	観光客	□ 这	zhè	これ、それ *指示代詞
□ 有	yǒu	～は～がいる、～は～を持っている、～に～がある *所有と存在を表す	□ 这个	zhè ge	この、これ
□ 有点儿	yǒu diǎnr	少し、ちょっと	□ 这几天	zhè jǐ tiān	この数日
□ 又~又~	yòu ～ yòu ～	～でもあり、また～でもある	□ 这么	zhè me	こんなに、そんなに
□ 愉快	yú kuài	愉快である、楽しい *形容詞	□ 这样	zhè yàng	このような、こうした
□ 于是	yú shì	そこで、それで	□ 这一天	zhè yì tiān	この日
□ 语文	yǔ wén	国語	□ 着	zhe	～してある *動作の持続を表す
□ 预定	yù dìng	予約する	□ 证券	zhèng quàn	証券
□ 原来	yuán lái	以前、従来	□ 职工	zhí gōng	職員
□ 远	yuǎn	遠い　*形容詞	□ 只要 ~ 就	zhǐ yào ~ jiù	～でさえあれば～だ、～さえすれば～だ
Z			□ 中等	zhōng děng	中等レベル
□ 在	zài	～にいる、～にある	□ 中间	zhōng jiān	真ん中、中央
		～で　*動作が行われる場所を表す。必ず「在 + 場所」という形となる	□ 中午	zhōng wǔ	昼、正午
□ 早	zǎo	（時間が）早い *形容詞	□ 终于	zhōng yú	ようやく、とうとう
□ 早饭	zǎo fàn	朝食、朝ご飯	□ 重要	zhòng yào	重要である
□ 早上	zǎo shang	朝、早朝	□ 周末	zhōu mò	週末
□ 怎么样	zěn me yàng	いかが?、どう?	□ 著名	zhù míng	有名である、著名である

☐ **住在**	zhù zài	～に住んでいる
☐ **专业**	zhuān yè	専攻、専門
☐ **准备**	zhǔn bèi	準備、準備をする
☐ **仔细**	zǐ xì	綿密に、詳細に
☐ **自从**	zì cóng	～より、～から
☐ **自己**	zì jǐ	自分、自己
☐ **自行车**	zì xíng chē	自転車
☐ **走**	zǒu	行く、歩く
☐ **走出**	zǒu chū	～から出る
☐ **走路**	zǒu lù	歩く
☐ **最要好**	zuì yào hǎo	一番仲がいい
☐ **坐**	zuò	乗る、坐る
☐ **做**	zuò	する、やる
☐ **座位**	zuò wèi	席
☐ **坐在**	zuò zài	～に座る

●著者紹介

王 丹 Wang Dan

北京生まれ。1984年、北京第二外国語学院日本語科卒業。1992年、大分大学大学院経済学科修士課程修了。1995年よりNHK報道局「チャイナ・ナウ」番組の直属通訳、NHKスペシャル、衛星ハイビジョン特集番組、「アジア・ナウ」番組の通訳を経て、2001年4月より国士舘大学非常勤講師。主な著書:『新ゼロからスタート中国語 文法編』、『新ゼロからスタート中国語 会話編』、『新ゼロからスタート中国語単語』、『すぐに使える 中国語会話超ミニフレーズ300』(Jリサーチ出版)など。

カバーデザイン	滝デザイン事務所
本文デザイン／DTP	株式会社 アレマ
イラスト	藤井アキヒト
編集協力	Paper Dragon LLC
CD録音・編集	一般財団法人 英語教育協議会 (ELEC)
CD制作	高速録音株式会社

本書へのご意見・ご感想は下記URLまでお寄せください。
https://www.jresearch.co.jp/contact/

新・ゼロからスタート中国語 文法応用編

令和2年(2020年) 8月10日 初版第1刷発行
令和6年(2024年) 2月10日 第3刷発行

著 者	王 丹
発行人	福田富与
発行所	有限会社 Jリサーチ出版

〒166-0002 東京都杉並区高円寺北2-29-14-705
電 話 03(6808)8801(代) FAX 03(5364)5310
編集部 03(6808)8806
https://www.jresearch.co.jp

印刷所 中央精版印刷株式会社

ISBN978-4-86392-492-5 禁無断転載。なお、乱丁・落丁はお取り替えいたします。